The Visit
Posjet

A Mini Novel with Vocabulary Section

for Learners of Croatian

Level 6: First Language – C2

3. Edition

Ana Bilić

INTRODUCTION

The Visit / Posjet – from the series Croatian Made Easy is a reader for learners of the Croatian language. It is a mini novel with a vocabulary list at the end.

Level 0: Easystarts - up to 400 words (A1)

Level 1: Beginners – up to 800 words (A1-A2)

Level 2: Intermediate – up to 1,200 words (A2)

Level 3: Advanced – up to 1,700 words (B1)

Level 4: Perfection – up to 2,200 words (B2)

Level 5: Perfection Plus – up to 2,800 words (C1)

Level 6: First Language – up to 3,500 words (C2)

Level 7: Standard Literature – without vocabulary section

The books from the series *Croatian Made Easy* are designed as reading materials that will help students of Croatian grow their vocabulary and enhance their command of the language. Each book is a mini novel whose theme, grammar and vocabulary are tailored to a specific study level – for easystarts, beginners, intermediate, advanced, perfection, perfection plus, first language and standard literature. Here are some indicators to help you decide what your level is:

Easystarts – Learners who can use Croatian in the present tense.

Beginners – Learners who can use Croatian actively in the present tense and have passive understanding of the future and perfect tenses.

Intermediate – Learners who are able to actively use the present, future and perfect tenses.

Advanced – Learners who actively use the present, future and perfect tenses and have passive understanding of the aspects of the verbs.

Perfection – Learners who actively use the present, future, perfect tenses and aspects of the verbs.

Perfection Plus – Learners who actively use the present, future, perfect tenses and aspects of the verbs and have passive understandig of phrases and colloquial language.

First Language – Learners who actively use the present, future, perfect tenses, aspects of the verbs, phrases and colloquial language.

Standard Literature without vocabulary section

For more information about other mini novels, please visit the website: www.croatian-made-easy.com

Some tips for easy reading

1. Omitted subject – look out for the verb

Always look out for the verb in a sentence and note how it ends. This is very important as the subject is often dropped, and there are words which look like a subject but are not in fact one. This is the case with "mi" and "ti". Both are not only used in the subjective case ("we" and "you"), but also in the objective case ("me", "you" as an object). It is therefore best to start out by looking at the verb and finding out to which (grammatical) person it refers:

Možeš *mi* dati knjigu? – Can **you** give/hand *me* the book?

Šaljemo *ti* pismo. – **We** send *you* the letter.

2. Open the vocabulary list/dictionary right away or not?

This depends on whether you just want to read the information in the text, or if you also want to learn the vocabulary contained in it. If you only want to read the text, it is better not to look for help in the dictionary right away. Each sentence will contain some words you know, and you can try and guess what the rest means in the given context. Even if the sentence does not make sense, try to go on and read the next one, and maybe the broader context will help you understand. Only if it still does not work should you consult the dictionary. But if you are reading the text to expand your vocabulary, you should look up all new words to avoid memorizing any incorrect meanings.

3. Do I need to know adjectives at all?

To get a rough idea of the basic story, adjectives are not the top priority. To understand the text fully and enjoy reading it, adjectives are essential.

4. Words with two meanings

These words may be irritating to some readers. Some examples include:

"i" and; also

I ja želim čitati knjigu. *(verbatim)* Also I want to read the book.

"trebati" – shall, should; need

"vrijeme" – weather; time

"se" – myself, yourself, etc.; one (impersonal subject)

– And the list goes on.

It is useful to make a note of such words to avoid getting confused.

SADRŽAJ

POSJET

Služavka je stajala pred vratima blagovaonice i razmišljala da li da uđe unutra ili ne. Milka Trnina je upravo ručala u blagovaonici. A ono što što se njezinoj gospodarici posebno nije sviđalo je bilo to da je netko ometa dok jede. Poslije ručka je Milka voljela još da sjedi za stolom i da čita novine po sat vremena. Tako dugo služavka opet nije htjela čekati.

Zato je ipak ušla u blagovaonicu i nasmiješila se kao tat uhvaćen na djelu. Milka Trnina je zastala u pola pokreta, pogledala ju je i upitala:

- ... Je li sve u redu, Rega?

- Jeste, milostiva.

Milka je dovršila pokret, pogledala u tanjur, a onda opet u služavku:

- ... No?

- Milostiva, meni je jako neugodno što Vas prekidam. Ja znam da nije red da Vas prekidam kad jedete, i moj deda je uvijek govorio „I pas ima mira kad jede", ali ja Vas moram ipak nešto pitati. Ja znam da Vi volite poslije ručka da sjedite i još da ...

- Rega, recite! – prekinula ju je Milka.

- Jedan student bi htio da ga primite. Horvat je njegovo ime.

Ja Vas nisam htjela smetati, ali čeka pred vratima već pola sata i ne želi otići.

- Študent?

- Da. Rekao je da se preziva Horvat. I da neće otići dok ga ne primite.

Milka Trnina je pogledala svoj tanjur:

- Rega, vidite da jedem.

- Da, znam, milostiva. Strašno mi je žao da Vas prekidam, Vi znate da to nije moj način, ali on je tako glasan na hodniku da je već stara Rogićka izašla i počela se buniti.

- Zašto mu niste rekla da dođe poslije?

- Jesam, ali on neće da dođe kasnije.

- ... Neće?

- Ne, neće. Rekao je da se radi o Vašem ujaku i da je stvar vrlo važna.

Milka je zastala:

- ... O mojem ujaku? ...

- Da.

- Što je s mojim ujakom?

- Nije mi htio reći.

- ... Hm ...

- Da ga otjeram, milostiva? Mogu pozvati hausmajstora, stari Badarić je jaki muškarac, on se ne bi cifrao da ga izbaci k´o vreću krumpira, študent je lak k´o perce. Znate kak je Badarić samo izlupao prošli tjedan ...

Milka je prekinula služavku:

- A kako izgleda taj uporni študent koji želi razgovarati o mojem ujaku?

- Ah, kako već izgleda: izgladnio k´o ulični cucak i k tome još šepa. I da ga ne poznaje osobno, Vašeg ujaka, tako mi je rekao, ali da je jako važno ... Da se mene pita, milostiva, ja ga ne bih primila. Pa tko danas nije izgladnio? Stoljeće nije pravo ni počelo, a što imamo – rat. Već treća ratna godina u Zagrebu. Bog nam je ovdje rekao laku noć. Jesam li Vam ispričala, milostiva, kako je jučer završila podjela graha na Pejačevićevom trgu? Jedan vojnik je zabio bajonetu stražaru u leđa jer je taj dijelio kupone onima koji su kasnije došli. I onda su došli drugi stražari, vojnika s bajonetom su zamalo ubili, bilo je puno krvi po zemlji. A masa se obrušila na vreće graha kao smrt na smrtnika, razderali su vreće i grah se rasuo po krvavoj zemlji. I onda su, jadnički, Bog će im oprostiti, skupljali taj grah s krvavog poda, tukli su se, i jedno dijete je ...

- Rega, šutite! ... Znam kako je u Zagrebu.

- Ja Vas nisam htjela ljutiti, milostiva. Tako je to bilo, nisam znala jeste li čitali o tome, o tome bruji cijeli Zagreb, i moja strina je ...

- Rega ...

- ... Milostiva?

Milka Trnina je ubrusom dotaknula usne i rekla:

- Neka uđe.

- ... Milostiva?

- Kako kažete, rat je, Rega. Ljudima se mora pomoći.

- Milostiva, Vi nikada ne mislite na sebe, samo na druge. Ne možete pomoći cijelom svijetu. Ljudi nisu ljudi u ratu, nego životinje.

- Odnesite usput moj tanjur u kuhinju.

- Hoćete ga primiti ovdje, u blagovaonici?

- Da.

- ... Kako želite.

- Da, Rega. Tako želim.

Rega je došla do stola, stavila tanjur, čašu i komad kruha na pladanj koji je također bio na stolu. Pokazala je glavom na tanjurić s komadom jednostavnog kolača:

- Milostiva neće jesti zlevanku?

- Možete je ostaviti na stolu.

Služavka je kratko kimnula glavom i s pladnjem izašla iz blagovaonice.

Kad je služavka ušla u predsoblje, obratila se oštrim glasom mladiću koji je stajao kraj vrata:

- ... Kaj nisi mogel pričekati do sutra? Sad milostiva nije ni poručala kak človek.

Mladić se nasmijao:

- Na, molim, molim. Ja ću vrlo rado čekati jer se u čekanju čeliči karakter. Ali moja stvar je od izuzetne hitnosti i ne može se odlagati. Ako je milostiva tako ljubazna da me primi, onda i njezin anđeo čuvar u obliku služavke zasigurno ima srce od zlata. Za to ćete biti nagrađeni od samog Boga osobno kad ćete ga pogledati u zadnjem času u njegovo spasonosno lice.

Služavka ga je odmjerila od glave do pete.

- Ah, vi študenti, samo pripovedate kak ... kak političari.

Rega mu je pokazala glavom na vrata i otišla u kuhinju.

Mladić je tiho pokucao, pa kad je čuo „Izvolite!", ušao je u sobu.

Milka Trnina ga je odmjerila: mladić je bio tanak kao prut, sama kost i koža, odjeća mu je bila tako odrpana da je izgledao kao prosjak. Na glavi je nosio studentsku kapu koju je odmah skinuo kad je ušao u prostoriju. Nosio je preko ramena malu kožnu torbu koja je bila isto tako stara i trošna kao da ju je našao na smeću.

Mladić je pogledao Milku Trninu sjajnim očima, a onda je bacio pogled na tanjurić sa zlevankom na stolu. Njegova Adamova jabučica se pokrenula gutajući slinu. Potom je skrenuo pogled na domaćicu i rekao teatralnim glasom:

- Dobar dan, gospođo Trnina ... Ili bolje rečeno, gospođo Ternina, kako Vas je cijeli svijet zvao dok ste stajali na svjetskim opernim pozornicama. Posebna mi je čast da Vas konačno i osobno upoznam. To što ste Vi kao zagrebačka dobročiniteljka u posljednje četiri godine napravili za mlade muzičke umjetnike, za to Vam se mora podići spomenik. Moje ime je Ivan Horvat, študent jusa u trećoj studijskoj godini.

- Drago mi je, gospodine Horvat. Što mogu učiniti za Vas?

- Vaš ujak, gospodin Janko Jurković, mi je naložio da kupim knjigu Dimitrija Demetera za njega. I ja sam ... – student je izvadio staru otrcanu knjigu iz torbe - ... to i napravio. Ali pošto mi se Vaš ujak još nije javio, htio sam Vas pitati, da li biste preuzeli knjigu za njega.

- Kakvu knjigu? ... Molim Vas, sjednite se.

Mladić je poslušno sjeo:

- To je drama s nazivom „Teuta” od Dimitrija Demetera.

- ... Ali knjiga nije nova.

- Radi se o antikvarijatskom izdanju, posebno rijetkom koje se više ne može kupiti. Vrijedi cijelo bogatstvo.

- ... Od Dimitrija Demetera?

- Da, od njega. Vi možda ne znate tako puno o njemu kao mi, u Hrvatskoj, Vi ste cijelo vrijeme putovali po svijetu i pjevali i plesali ljudima koji znaju što je to prava umjetnost i dobra glazba. Zato sam Vam slobodan reći da je Dimitrij Demeter poznata i vrlo cijenjena pojava. Njegovo ime je zapravo Dimitrija – ženski oblik za muško ime. Da, to je tako među literatima, nikad se ne zna s kime imate posla. Porijeklom Grk, taj Dimitrij ili Dimitrija, u svakom slučaju njegova familija je grčkog porijekla. Jedan prijatelj mi je rekao da je on pisao svoje prve literarne radove na grčkom jeziku, onda na njemačkom a tek kasnije na hrvatskom jeziku – izuzetna osoba na literarnom nebu naše male zemlje koja sada doživljava katarzu. Inače je bio po zvanju doktor medicine, ali više ga je privlačila literatura, kazalište i muzika nego njegovi pacijenti. Drugim riječima više je volio duhovne pacijente nego tjelesne pacijente, ako mi dozvolite tako drsku poredbu.

Milka Trnina je pogledala mladića i nasmiješila se:

- On je preradio libreto za operu „Ljubav i zloba" od Vatroslava Lisinskog i originalno libreto za operu „Porin"... Zar ne?

Student je iznenađeno pogledao Milku Trninu. Nasmijao se kratko i podigao prst:

- Vi mene vučete za nos, gospođo Ternina. Je li tako? ... Vi znate puno više nego što kažete. A ja, budala, još Vam idem objašnjavati tko je Dimitrij Demeter. Kako glupo od mene.

Milka Trnina ga je pogledala:

- Drago mi je da ste zainteresirani za umjetnost.

Milka Trnina je ponovo uzela knjigu u ruku, kratko prolistala, a onda pogledala mladog muškarca:

- I tu knjigu ste kupili za mojeg ujaka?

- Da, tako je. Pa ako biste bili tako ljubazni, kao što sam rekao, Vaš ujak je ...

Milka ga je prekinula:

- Recite mi, gospodine Horvat: kada ste upoznali mojeg ujaka?

Mladić je kratko zastao:

- Ah, naravno. Vi se sigurno pitate je li to istina. Bože, svakako, danas ljudi lažu čim zinu, takvo je vrijeme, a ja sam se pojavio kod Vas iz vedra neba i tvrdim da imam knjigu za vašeg ujaka. Svatko može doći kod Vas i tvrditi da ima neku knjigu za Vašeg ujaka. Nije li tako?

- Tako je, gospodine Horvat.

- Bilo je to prije dvije godine u Osijeku. On je bio kod moje sestrične, gospođice Ugrišćak u posjetu. Ona je, znate, držala salon literature petkom u svojem stanu. Više ne, razumijete, rat, nestašica, depresija. Ona je starija od mene tri godine, jako senzibilna osoba, obrazovana i bogata - za razliku od moje familije koja je uvijek htjela da se djeca dobro školuju i da imaju puno novaca, ali moja sestrična se niti dobro školovala niti ima novaca. Tako da sam im ja ostao jedina nada, študent jusa. I sve bi išlo na bolje da nije došao ovaj rat. Tako da meni ne ostaje drugo nego da pričekam da ovaj rat prođe i da mogu konačno doći do moje titule jurista. No, da ne dužim – moja sestrična je, dakle, priredila za to veče opet jednu finu večericu, pozvala goste kao svakog prvog petka u mjesecu i tu je došao Vaš gospodin ujak. On nije naravno meni direktno dao nalog da kupim knjigu, nego je to došlo preko jedne druge osobe.

To je student zastao.

- Koje druge osobe? – upitala je Milka.

- Hm, kako da to kažem ... – zbunjeno je započeo mladić.

- Slobodno recite.

- Da, naravno, Vi niste samo svjetska žena, diva, dama, nego i zrela žena s ogromnim životnim iskustvom. S 37 godina Vi ste izuzetna osoba.

Milka ga je pogledala:

- Ja nemam 37 godina, gospodine Horvate.

- Nemate? ... Nemoguće!

- Ja imam 54 godine.

- Ozbiljno? ... Nitko Vam ne bi dao 54 godine! U svakom slučaju, ja ne.

Milka je podigla obrvu i rekla bez emocija:

- Kako znate dobro laskati.

- ... Laskati? ... No, dobro, ako tako želite. Ja govorim istinu, ne dajem Vam komplimente, ali kako Vi želite ... I zato Vas sigurno neće uvrijediti ako Vam kažem ... neće Vas uvrijediti, zar ne?

- Uvrijediti, gospodine Horvat?

- Vaš ujak je te večeri upoznao moju tetu Sidoniju, majku te moje sestrične. Ona je udovica, ali mlada udovica, zgodna, elokventna, i onda je Vaš ujak i moja teta – oni su sklopili prijateljstvo. Vrlo nježno prijateljstvo. I tako ...

Mladić je gledao Milku.

- Hoćete reći da su oni imali ljubavnu vezu, mladiću?

- ... Znate, to nije bilo jako ozbiljno, oni su zajedno proveli samo taj vikend, tako mi je naime ispričala moja sestrična. Njezina majka nije imala nikakvih ambicija što se tiče njihovog prijateljstva. No Vaš ujak je obavezno htio pokloniti mojoj teti uspomenu na njihov vikend i tako je zamolio mene, koji sam u taj ponedjeljak išao za Zagreb, da u Zagrebu kupim neku vrlo lijepu i skupu knjigu. I ja sam kupio knjigu, ovu knjigu, ali kad sam se vratio u Osijek, Vaš ujak je već otputovao i nije ostavio nikakvu poruku ... Knjiga je ovdje i ja sam imao trošak, htio sam naravno kupiti baš posebno lijepu i baš posebno skupu knjigu.

Milka je gledala mladića kratko, a onda je prasnula u smijeh. Smijala se tako slatko i glasno da ju je mladić gledao kao da je upravo sišla s uma.

- ... Gospođo Trnina? ...

Milka je ustala još uvijek se smijući, otvorila vrata prema hodniku i viknula:

- Rega! ...

Glava služavke se pojavila iz kuhinje.

- ... Milostiva?

- Rega, donesite našem gostu tanjur gulaša ... I čašu vina.

- Da?

- Da, Rega.

- Kako želite, milostiva.

Milka je zatvorila vrata i još uvijek nasmijana sjela je za stol.

Mladić se sretno nasmiješio:

- To je vrlo ljubazno od Vas.

Milka se uozbiljila:

- Znate gospodine Horvat, moj ujak je umro 1889. godine ... Prije 28 godina.

Student je gledao netremice u domaćicu. Skoro da nije disao.

Milka se opet nasmijala:

- Vi zaista imate talent za pričanje. Vrlo uvjerljiv ... Moj ujak Janko Jurković je bio poznati pisac i njegov život je ušao u anale hrvatske literature. I k tome je on bio jurist, kao Vi ... No da, to je bilo prije 28 godina, a prije 28 godina Vi ste bili ... koliko stari?

- ... Ja sam mislio da ... – mladićev glas je postao tih.

- Tko Vas je nagovorio da me posjetite?

Mladić je spustio glavu.

Onda je rekao tiho:

- ... Oni u „Matejni".

- U „Matejni"? ... Što je „Matejna"?

- To je lokal u blizini, par kuća dalje, na uglu Pivarske i Basaričekove ulice.

- Ah, to je taj lokal ... „Matejna" se zove?

Mladiću se pojavio sjaj života u očima:

- Da, zove se „Matejna" po vlasniku Miji Matejni. Dolaze

boemi i ostali koje vole boeme. I ovakvi kao ja – od kojih boemi prave norca. Nije za preporučiti da idete tamo, milostiva.

Milka je rekla:

- Na broju dva i četiri ima plesna dvorana i išla sam davno par put tamo s prijateljima pa sam vidjela da je u susjednoj kući bilo svjetlo i graja još ujutro kad smo išli kući. Vidjela sam da muškarci od tamo izlaze prilično veseli.

- Da, dolaze tamo da piju i da varaju mlade ljude ... Mislim, ponekad je zgodno, igra se šnapsl, politizira se ponekad pristojno i bez vike, čuje se i poezija, da, dolaze literati. Ali više nije ono što je bila – bar tako kažu stari.

- To je stari lokal?

- Da, vrlo stari lokal. Baš mi je jučer stari Štef ispričao cijelu njezinu štoriju, i naravno dok ju je pričao odmah su se i drugi ubacili u pričanje. Štef je rekao da je „Matejna" osnovana prije 100 godina, ali Gjuro Szabo ga je odmah ispravio i rekao da je otvorena već sredinom 17. stoljeća.

- Gjuro Szabo?

- Da, povjesničar, inače moj bivši profesor u gimnaziji. Jako načitan i fin gospodin i njemu je više za vjerovati nego starom Štefu. Gjuro Szabo se onda malo ispravio i rekao da je sigurno da je prije 100 godina gostionicu preuzeo Martin Kovač, ali da je ona postojala i prije. Kad je Martin Kovač umro, mislim da je to bilo 1879., da, tako je Szabo rekao, onda je gostionicu preuzeo njegov zet, Mijo Matejna. Mijo je malo uredio kuhinju, kaže Štef, smanjio cijene, uredio klozete, pa su počeli dolaziti i okolni činovnici na bogate gablece, a navečer obrazovani ljudi. Ne previše obrazovani, naravno. Tko je visoko obrazovan i iz bogate je familije, taj ide u kavane u centru ili u fine gostionice tu na Gornjem gradu, a ne u takav tingl-tangl kao što je Matejna.

- Zašto zalazite u tu gostionicu, gospodine Horvat?

- Kad sam ja počeo tamo zalaziti, - a to je bilo prije ovog prokletog rata -, dolazili su tamo i ljudi od kojih sam imao čuti šta pametnog. Bio sam gladan dobrog društva i kad bi došao na primjer August Harambašić, odmah sam se sjeo blizu njega jer je on uvijek nešto pametno pričao.

- August Harambašić?

- Da, poznati odvjetnik i pisac. Ali dolazio je u „Matejnu" jer mu to nije bilo ispod nivoa. Izuzetna pojava. Taj je, zamislite, znao sedam stranih jezika! Prevodio je poznate pisce kao Gogolja, Tolstoja, Wildea, Shakespearea, uređivao razne časopise. Bilo je milina slušati ga kad priča. I kraj njega nije nitko bio ni gladan ni žedan, rado je špendirao gemište ... Kaže stari Štef da je prije bilo drugačije nego sada, prije je važilo „reda mora biti": prvo se ide jesti „Pod stare krovove" debele kranjske sa senfom ili fine češnjovke s kiselim zeljem. Ako nisi bio jako gladan, tu su bili čvarci i mladi dimljeni sir. Pa se onda ide to fino zaliti u „Matejnu". Ali toga više danas nema. Nitko nikome ništa ne plaća. I samo se rugaju drugom. Sve sami prevaranti.

Milka je majčinski pogledala mladića:

- U životu ima puno gorih stvari nego biti prevaren od boema.

- Ima? – razočarano je uzvratio mladić.

- Kako ne ... Recite mi, odakle imate tu knjigu?

- ... Jedan prijatelj mi ju je poklonio prije nego je mobiliziran.

- Jeste Vi uopće študent?

Mladić je podigao glavu:

- Da, jesam .

- ... Samo?

- ... Študiram već treću godinu, ali sam još uvijek u prvoj godini. Zakoni se stalno mijenjaju pa tako i moji ispiti. Razumijete?

- Da, naravno. – kimnula je Milka.

Rega je ušla u sobu s poslužavnikom. Servirala je gulaš, dva velika komada crnog kruha i čašu bijelog vina. Mladić je gledao u tanjur kao očaran.

- No, poslužite se, gospodine Horvat.

I prije no što je Milka to rekla do kraja, student je već počeo jesti. Jeo je brzo i bez zvuka kao bezglasna šivaća mašina.

Milka ga je brižno promatrala:

- Jedite polako, inače ćete se zagrcnuti.

Služavka je stajala kraj mladića i promatrala ga s neodobravanjem. Kad je primijetila da je njezina gospodarica promatra, promijenila je naglo izraz lica u prijazni, izvadila iz džepa pisamce i pružila Milki:

- Upravo je došlo, milostiva.

Milka je uzela pisamce, otvorila ga, pročitala i onda se obratila studentu koji je jeo:

- Morat ćete me izvinuti na trenutak.

Mladić je tako naglo ustao kao da je čekao na to rečenicu:

- Bitte, Frau Trnina! – rekao je na njemačkom.

- Schön, dass Sie auch Deutsch können.

- ... Molim?

- Znate njemački?

- Ah, samo par rečenica. Inače tvrdim da znam, ali samo kimam glavom kad mi se dalje priča.

Milka se nasmijala i izašla iz sobe.

Kad su mladić i služavka ostali sami, služavka je htjela staviti tanjurić sa zlevankom na poslužavnik. Ali mladić je pratio njezin pokret kao zmija.

- Ah, što ćete napraviti s tako lijepim komadom zlevanke? – rekao je slatko.

Rega je pogledala već poluosušeni komad kolača:

- ... Buš ga ti pojel?

- Ako nitko nema ništa protiv, ja bih se rado ponudio za taj zadatak.

Rega je spustila tanjur pred njega, a na njegovom licu se pojavio novi sretni osmijeh.

- Onda zemi ... To ja furt nosim mojoj susedi, mojoj Slavi, uvek kad kaj ostane, ali danas ni domov.

- U tom slučaju – ja ću jesti i misliti na nju. Možete me preporučiti kod nje. Horvat, študent jusa i buduća dika naše drage zemljice.

- Nije mojoj Slavi ni do čega, a ponajmanje do kakvog študenta. Udovica je s troje dece, njen Lojzek je poginuo na fronti prije dva mjeseca.

- To je tužno, draga Rega ... No, recite mi, molim Vas, ima li milostiva Trnina kakvu pratnju?

- ... Pratnju? Kakvu pratnju?

Mladić je progutao zalogaj, a onda pogledao služavku:

- Mušku pratnju.

- ... Ne razmem.

- Je li milostiva Trnina ... No, da ti ja, draga Rega, objasnim po naški: „Je li ona ima kakvoga muškoga kaj joj dolazi u hižu?"

Rega je ljutito pogledala mladića i automatski promijenila način govora:

- Kako se usuđuješ? Ha? Pitati takve stvari?

- Pa, bože moj, i ona je človek, i k tome još ženska, a svaka ženska ima potrebe, kak svaki muži imaju potrebe. Tak je Bog rekel, tak je na nama da ga štujemo.

Rega je cinično uzvratila:

- Da se ne bi možda ponudil i za taj zadatak?

Mladić je mirno promatrao Regu, a onda rekao:

- Ja ne. Nije moj tip žene. Ali imam dobrog prijatelja, taj je lep kak slikica, melem za oči svake frajlice, mlad, zdrav, velik i ...

Rega je prekinula mladića:

- Ako je tak mlad i zdrav, zakaj nije onda na fronti?

- Nije baš normalan, ne voli da nosi odjeću, svako malo se skine pa hoda gol po Tkalčićovoj. Pa bude graja među lakim frajlama kak da je došel cirkus, odma zovu pandure, kak da nikad nisu videle golog muža. Fine frajlice u Tkalčićevoj. Onda ga odvedu u Vrapče, on se malo smiri pa ga puste. Ali nije opasan. Jedino malo ćaknut.

Rega je gledala mladića bez riječi, a onda se počela smijati.

Mladić se također počeo smijati:

- Zar to nije bila dobra šala? Ha, Regica? ... Hahahahaha ... Samo su još luđaci od muškaraca to kaj prava puca danas može dobit ... Hahahahaha ...

Rega ga je gledala kao dijete koje je upravo napravilo neku glupu psinu i smijala se i dalje.

U tom trenutku je ušla Milka Trnina u sobu.

- Čemu se smijete? – upitala je Milka.

- Ah, ništa posebno, milostiva. – rekla je Rega i izašla iz sobe.

- Samo malo ćaskamo o našoj kulturi. – rekao je mladić.

Student se opet latio gulaša i grabio ga je u starom ritmu.

Milka je sjela za stol i kratko promatrala studenta. Mladić je rekao između dva zalogaja:

- Oprostite mi, milostiva, ali već dugo nisam jeo tako finu hranu. Nadam se da će rat brzo proći. Tako nešto ukusno treba svaki božji čovjek na Zemlji dobiti bar jednom u životu.

- Rega zna dobro spremati domaću hranu. A ona mi je najmilija.

Mladić je otpio dobar gutljaj vina, njegovi obrazi su dobili ljudsku boju i njegove oči su sada bile opuštene i zadovoljne:

- ... Recite mi, gospođo Trnina ... Smijem Vas nešto pitati? ... Vi ćete mi oprostiti moje pitanje, nadam se ... Zašto ste se vratili nazad u Zagreb, i to knap pred rat? Vi ste ipak bili grande dame minhenske Dvorske opere i podučavali ste i pjevanje u Americi kako sam čuo. Što ste to tamo napravili da ste morali pobjeći u Zagreb?

Milka je pogledala mladog muškarca:

- Pobjeći? ... Tako se govori o meni u „Matejni“?

- Ah, ne. Pričaju se samo pozitivne stvari, da hoćete pomoći mladim ljudima. Da, samo plemenite stvari, da, da ... Ovu glasinu sam ja naime čuo od moje stanodavke – ona je služavka kod familije Patačić već 24 godine. I voli da ogovara kad joj dam par komplimenata.

- Ah, tako ...

- Ali ne trebate se brinuti – nastavio je student brbljavo – veći dio društva se divi vašoj počasnoj i besplatnoj profesuri na Muzičkoj akademiji. A vaš dobrotvorni angažman izaziva posebnu zavist kod naših nobl sugrađana. Pri tome se čovjek pita – što je opet i razumljivo – zašto ste zapravo prekinuli poznanstvo s vašim obožavateljem iz švicarskog klana Suchard? Moja stanodavka mi je rekla da se ona fina švapska čokolada „Milka" zove baš prema Vama. Je li to istina?

Milka je gledala studenta bez riječi, a onda se nasmijala bez odgovora.

Mladić je nastavio dalje:

- Ili na primjer Thomas Mann. Zašto ste prekinuli prijateljstvo s njim? To je po mojem mišljenju bilo jako glupo ... A da ne govorim poznanstvo s dirigentom kao što je Toscanini, ili kompozitorom kao što je Puccini. Svi su Vas obožavali, a Vi niste uopće izvukli nikakvu korist od toga ... A navodno ste bili sprijateljeni i s ruskim carom Nikolajem. Što ste to napravili da ste se morali vratiti u Zagreb?

Milka je uzvratila:

- Vi nemate dlake na jeziku, gospodine Horvat.

- Može biti, ali i Vaš talent za pričanje nije za neke ljude ugodan.

- ... Kako to mislite? – upitala je Milka zbunjeno.

- Naša hrvatska „šikerija“ nije zaboravila vaš bezobrazni odgovor gospođi ... kako se ono zvala? ... No svejedno, ljudi nisu zaboravili onu vašu epizodu s kravom.

- ... S kravom?

- Da, gospođo Trnina, s kravom.

Milka je pogledala mladića:

- Ali to je bilo prije skoro 15 godina.

- ... Hahahahahaha ... Ali moja stanodavka to još uvijek rado priča, kaže, o tome se još uvijek priča, ta epizoda se još uvijek povezuje s Vašim imenom ... Ta fina gospođa je htjela da pjevate za njene goste, a kad ste Vi zahtijevali da uplati masni honorar u dobrotvorne svrhe, onda je ona rekla: „Ali za taj novac mogu kupiti kravu!“ – na što ste joj Vi odgovorili: „Onda kupite kravu pa nek Vam onda ona pjeva.“ Hahahahaha ... Jako originalno ... Odlično ... Hahahahahaha ...

Student se opet latio gulaša i dalje se smijući.

Zakratko je opet upitao:

- Zašto?

- ... Pardon?

- Zašto ste se vratili u Zagreb, gospođo Trnina?

Milka ga je pogledala sa sjetom:

- ... Tja, sve ima svoj kraj.

Mladić je napravio kratku stanku, a onda rekao:

- Znate što, milostiva? Tu imate potpuno pravo. I ja kažem: u srcu svake stvari leži njegova propast. Ništa nije vječno. Sve se mijenja jer je sve osuđeno na propast. Mi smo upravo o tome razgovarali u „Matejni". O ratu i o tome kako će to sve izaći za Hrvatsku na kraju. Ta radnička revolucija u Rusiji gdje Vaš car ...

Milka ga je prekinula:

- ... MOJ car?

- Niste više s njim u kontaktu?

Milka je promijenila izraz lica:

- Jeste Vi policijski doušnik, mladiću?

Student je spremno odgovorio:

- Nisam više, ja sam preiskren za takve stvari, prije ili poslije sve izbrbljam. I uz to je naknada za takve usluge prava mizerija ...

On je otpio gutljaj vina:

- Ja sam u „Matejni" rekao da će monarhija zasigurno propasti i da će Hrvatska postati nezavisna država. Jer kako sam rekao – u srcu svake stvari leži njegova propast, ali propast je ujedno i početak nečeg novog ... Ah, gospođo Trnina, to ste trebali vidjeti, tu diskusiju! Čak se i vlasnik, stari Mijo Matejna javio za riječ - on koji inače za ništa nema mišljenje, za to je imao mišljenje. Nikakva država! Mi smo premali za državu, o nama je odlučivao uvijek drugi narod i tako će i sada biti! Hrvatska može preživjeti samo u uniji s drugom zemljom. Ili neka loker unija pod krunom ili – to je bilo drugo mišljenje u bircuzu – napraviti uniju sa Srbijom, Bosnom ili Slovenijom. Ali onda, kao da je vrag ušao u neke od njih: „Srbija je počela ovaj rat! Mi ne želimo ništa imati s njima! ...“ Došlo bi i do tučnjave da stari Matejna nije rekao da će sutra pobjedniku „kočijaškog turnira“ špendirati rundu šnapsa, ali ako sada bude tuče, ne bu niš od toga. Pametna odluka starog. Već mu je dosta tučnjave u njegovom lokalu, nitko mu poslije ne želi platiti štetu.

- ... Šta je to „kočijaški turnir“?

- To je kartaški turnir. Kartaška igra koju rado igraju kočijaši i onda je zaliju rakijom. Pobjednik mora platiti rundu svima. I to Vam je onda, takva igra, kao nož s dvije oštrice: svako hoće pobijediti, ali nitko neće platiti. Ambicija je nezgodna stvar, milostiva. Mijo Matejna je igru udomaćio u svom lokalu ... Da, čovjek se mora malo opustiti, ako razumijete što želim reći.

- Razumijem.

Milka je ponovo uzela knjigu i prolistala je. Student je rekao:

- Lijepa knjiga, zar ne? Bilo bi šteta da je sad bacim. Sigurno bi dobro stajala u vašoj biblioteci, bez obzira na ovaj neugodan povod. Možete je od mene vrlo povoljno otkupiti, kao što sam rekao, ona je izuzetan raritet.

- Ovdje stoji da je ovo drugi dio. Prvi dio nemate?

- Prvi dio nije tako dragocjen kao drugi dio. Ovaj drugi dio je hrvatska cenzura zabranila i morala se tiskati u Beču.

- Zašto je zabranila?

- Demeter kaže u knjizi da su svi Slaveni potomci Ilira i da se zbog toga trebaju politički ujediniti. Inače će biti raskomadani od stranih sila i dalje potlačeni.

- To danas nije nova ideja.

- Sada više nije, ali onda, 1844. je ta ideja bila prilično revolucionarna. Knjiga je tiskana kod Mehitarista, pošto je ovdje bila zabranjena. Djelo ima historijsku vrijednost.

- Mehitaristi? ... Tko su Mehitaristi?

- To je armenijska crkva u Beču koja ima tiskaru.

- ... Hm, interesantno. Nisam znala za njih iako sam studirala u Beču ... I Beč je to dopustio? Izdanje takve knjige?

- Očigledno.

Milka se rekla:

- Hm ... U srcu monarhije gdje je sve podređeno dvoru, tiskaju se knjige koje govore narodu da se trebaju politički odrediti protiv dvora? ... Imate stvarno pravo, gospodine Horvat: u srcu svake stvari leži njezina promjena.

- Hvala, to vrlo cijenim. Možete mi knjigu platiti i u kuponima, nema problema.

- ... Ali ako je ovaj rat, koji leži u srcu Evrope propast, zašto onda ta propast mora biti tako uništavajuća, zašto mora umrijeti tako puno ljudi?

- No da, milostiva, ja sam siguran da mase ne odlučuju o propasti. Masa se brine samo o svom trbuhu. I dok se ona brine o tome, šapće joj se u uši kako će drugi narod uništiti njegov trbuščić. I masa vjeruje tom glasu ... Kao što znate, gospođo Trnina, čovjek ne dolazi nikad k sebi sam od sebe i ne prestaje s ubijanjem nikada sam od sebe iako upravo on i nitko drugi ne ubija ljude oko sebe. On prestaje s tim tek onda kad političari kažu da je rat prošao, a ne onda kad je čovjek sit smrti. Čovjek je u masi kao ovca. On ne razmišlja, on slijedi svog predvodnika bez obzira šta on kaže.

- Vi vjerujete da čovjek nije u stanju da preuzme odgovornost za sebe?

Student se cinično nasmijao:

- To bi bilo lijepo, ali za to nažalost ima premalo dokaza u ljudskoj historiji ... Ali molim lijepo – iz Vaših usta u Božje uši, milostiva. On će poruku sigurno proslijediti dalje ljudima.

- Ja bih rado – u uši svakog bližnjeg, gospodine Horvat.

- A ja – u uši političara ... Ali do tada – šta da radimo?

- Mi trebamo – kad god je moguće – pomoći jedan drugom.

- I kako, recite mi, molim Vas? Mislim – kako se to može ostvariti? Ljudi nisu bolji od životinja. Zašto bih im ja trebao pomoći kad će mi iščupati ruku ako im ponudim samo komadić kruha?

- Trebamo promatrati ljude kao pojedince, ne kao masu.

Muškarac ju je pogledao:

- Ne razumijem.

- Još nikada nije bilo takvog rata, s takvim žrtvama. I sve dok čovjek oko sebe vidi samo masu a ne pojedince, bit će takvih ratova. Jer masa nema ljudskih osobina, kako ste rekli – s masom se kalkulira kao s brojkom i masa se može manipulirati sve dok pojedinci u toj masi gledaju na druge pojedince kao masu. S time računaju političari.

- Pa Vi ste pesimist, gospođo Trnina! Ja sam već mislio da mi želite dati kršćansku poduku, ali Vi ste zapravo samo pesimistični: Vi ste mišljenja da tako grozan rat nije zadnji od te vrste .

- Ne, nažalost nije, jer su oružja sve smrtonosnija ... Ali to ne znači da se mi s time moramo pomiriti.

- Vrlo hrabro je to što kažete ... Ako, dakle, želim promijeniti povijest i ljudsku prirodu, onda trebam pomoći ljudima i završiti tako kao što ste Vi završili?

Milka ga je začuđeno pogledala:

- ... Kao što sam ja završila?

- Jesti tako sama, bez familije, bez djece, samo sa služavkom u kući.

Milka ga je promatrala kratko i bez emocija. Onda se nasmiješila:

- Ovako ćemo, gospodine Horvat: ja ću Vam otkupiti knjigu, ali prije ćete nešto učiniti.

- Trebate možda mušku pratnju za izlaske? – spremno je upitao mladić.

Milka ga je opet iznenađeno pogledala:

- Vrlo uslužno od Vas, ali zasada ne trebam pratnju.

- Ne mislim ja na sebe, imam ja jednog feš muža, jednog

mojeg prijatelja. Ima fine manire, sigurno Vas neće osramotiti u društvu.

- Ne, hvala na ponudi. Mene interesira nešto drugo.

- Što to?

- Recite mi, gdje su Vaši roditelji? Jesu živi? Pretpostavljam da ona priča o vašoj sestrični u Osijeku nije istinita.

Mladić se nasmijao:

- Vama se ništa ne može sakriti.

- Vaš govor je njegovan, akcent nije slavonski.

- Imate dobar sluh, gospođo Trnina. Što nije čudo, Vaš sluh je to što Vas čini tako velikom.

- Odakle ste, gospodine Horvat?

- Na, kaj da Vam velim?

- Iz Zagorja?

- Moja mamica je bila iz Gornje Bistre, ali je mrla na mom porodu, Bog da joj dušu prosti. Pa su me tete odgajale. Teta Slava i teta Mila. Nisu se udale jer je deda bio jako siromašan, a one ne baš preveć lepe.

- A otac?

- Eh, ta priča oko mojeg oca ... hm ...

- Vi ste vanbračno dijete?

Mladić je pogledao Milku s tugom u očima:

- Kao što sam rekao – Vama se ne da ništa sakriti.

- Ne želim Vas inkomodirati, gospodine Horvat. Ako ne želite, nećemo razgovarati o tome.

- Ne, ne, sve je u redu, nije to nikakva velika rana. – rekao je mladić. – Moj otac je bio rod familiji Oršić. Bio je bogati trgovac koji je dolazio često u dvorac u Gornju Bistru. Pa je onda vidio moju mamu kako nosi ručak mome dedi na kosidbu i ... Šta da Vam više kažem? Neću reći da je bila ljubav na prvi pogled, ali zasigurno strast na prvi pogled. Nakon njihovog sastanka ja sam bio u maminoj utrobi. Moj otac je otišao svojim putem, imao je ženu i dvoje djece, to sam poslije saznao, i pojavio se ponovo tek kad sam ja imao nekoliko godina. Raspitao se kod našeg župnika gdje se nalazi Dragica, moja mama, a kad je župnik rekao da je umrla, onda se s njime dogovorio da me financijski pomaže. Ja to nisam tada naravno znao - da je moj otac kasnije, poslije pučke škole, za mene platio gimnaziju u Zagrebu. Ja sam mislio da je to sve organizirao župnik koji se inače dosta brinuo o darovitoj djeci. I poslije sam saznao od mojih teta tko je moj otac, da nisam bastard i da moja mamica nije bila kurva, nego da je taj Ivan moj otac. I htio sam ga vidjeti, znate kako je to između djece i roditelja, to je ozbiljna veza koja se ne može obrisati krpom kao da je nema. Ali onda mi je župnik rekao da je moj otac već umro. To je bila laž, ali ja sam tada imao petnaest godina i u tim godinama čovjek vjeruje sve šta mu se kaže. Poslije sam razmišljao: ako je on umro, kako to da i dalje dobivam novac za stan i za moje školovanje? Sigurno mi to nije oporučno ostavio, kraj svoje bračne djece. Tako da mi je župnik naknadno priznao da je moj otac živ, ali da ne želi nikakav kontakt sa mnom.

- Žao mi je, gospodine Horvat.

Mladić je odmahnu rukom:

- Ah, nije važno.

- Je li vaš otac još živ?

- Hm ... Mislim da jeste.

- Gdje živi?

- U Varaždinu, kako sam zadnje čuo.

- Što biste mu rekli kad biste ga sada vidjeli?

Mladić je pogledao Milku sa čežnjom:

- Ne bih mu ništa rekao.

- Ne?

- Ne. Samo bih ga htio vidjeti. Htio bih vidjeti kako izgleda moj otac. Ja ga još nikad nisam vidio. Da. Htio bih ga vidjeti i htio bih ga čuti kako priča. Kakav ima glas.

- A njegova djeca?

- Šta je s njima?

- Da li biste htjeli biti u kontaktu s njima?

- Ne, ne bih. Oni su odrasli kao bogata djeca, ja ne znam šta bi s njima razgovarao. Ja sam seosko dijete, obični odrpanac. Možda sam pametan i nešto malo načitan, ali to je sve.

- U Varaždinu su, rekli ste?

- Da. Da li poznajete Varaždin?

- Da, poznajem, tamo živi jedna moja rođakinja.

Mladić je gledao Milku s nadom.

- Onda poznajete i ljude u Varaždinu. – rekao je mladić.

- Neke poznajem.

- Onda biste mogli ... Ah, šta ja pričam, ništa ne biste mogli. Ja ne znam šta mi je sada odjednom, pričam kao da je to bog zna što. Bilo pa prošlo.

Nastala je pauza. Tišina u sobi je bila sada tako prisutna kao da ju je neko pozvao i ona se raširila po sobi kao nevidljiva magla.

Mladić je spustio glavu i gledao tupo u stol.

Milka je gledala mladića i razmišljala. Nije htjela ponuditi mladiću uslugu da potraži njegovog oca – tema je bila prebolna i puna mogućih razočarenja. Možda njegov otac i nije živ, a to bi bilo onda još bolnije.

- Tko Vas financira ove zadnje dvije godine, gospodine Horvat?

- Da, dobro pitanje. Nitko.

- Nitko?

- Da, moj tatek je izgleda zaboravio na mene ... Ali nije čudo, rat je, trgovci u ratu ili gube ili zarađuju. A ako mi ne šalje više novaca, onda sigurno više ne zarađuje dobro.

- Jeste pitali o tome svog župnika?

- Htio sam, ali stari župnik je umro prije tri godine. Poslije njegove smrti je prestala dolaziti naknada za moj studij. Tako da nema više nikoga koga bih mogao pitati.

Milka je kimnula glavom.

Opet je nastala tišina.

Mladić je digao pogled:

- A kako je bilo kod Vas, gospođo?

Milka je pogledala mladića:

- Kod mene?

- Da.

- Mislite na mog oca?

- Da. Vi morate da ste imali sretno djetinjstvo i dobrog oca. – rekao je mladić blago.

- Zašto to kažete?

- Zato jer ste postali tako izuzetna osoba. Bez brižnih roditelja, nitko nije sretna osoba.

- Nije to uvijek tako, gospodine Horvat. Ima nesretnih ljudi sa sretnim djetinjstvom. I obrnuto: ima sretnih ljudi sa nesretnim djetinjstvom.

- Hm ... Može biti, ali tko ima dobar početak u životu, sigurno mu je poslije lakše.

- Možda, ali sreća je ponekad važnija od djetinjstva, od roditelja, od novaca i dobrih poznanstva.

- ... Ne bih Vam to mogao reći, ja nisam imao tu sreću.

- Niste? ... Zar ne sjedite ovdje kod mene i zar ne kujemo

Vašu budućnost?

- ... Kujemo moju budućnost? – ponovio je mladić zbunjeno.

Milka se nasmijala:

- Da niste nasjeli umjetnicima u „Matejni" i došli ovdje, tko zna gdje biste sada bili.

- Hm ... Tu imate prvo – sigurno ne bi jeo tako fini gulaš, pio tako dobro vino i pričao s tako finom milostivom.

- Zar niste imali sreću?

- ... Sreću? Vi to zovete sreća? Moju naivnost?

Milka se nasmijala:

- Naivnost nije tako loša stvar. Tko je naivan, ima dušu djeteta.

- ... Hm ... Tja ... Ne znam što da kažem na to. Je li to kompliment?

- To je činjenica.

- U svakom slučaju, to mi još nitko nije rekao. Puno Vam lepo hvala.

- Nitko Vam nije rekao da Vi imate dobrih osobina?

- A tko bi mi to rekao? ... Mamica je umrla, tatek me nije htio gledati, a tetice – ah, tetice ... Nisu one imale puno vremena za mene. Znate kako je na selu – mora se delati. Osim toga ja sam već kao mali imao oštri jezik, a to nitko ne voli ... Jeste i Vi uvijek bili tako iskreni kao danas?

Milka se nasmijala:

- Ne, nisam, upravo suprotno. Bila sam jako povučeno i mirno dijete. Ali moj životni put se promijenio kad je moj otac umro. Ja sam bila još dijete kad je moj otac umro od upale pluća. Moj stariji brat Milan i moja majka su ostali u Vezišću, a mene su dali na školovanje u Zagreb.

- Oprostite mi moje neznanje, ali gdje je Vezišće?

- To je selo kod Ivanić-Grada, u Moslavini.

- Idete često tamo?

- Tu i tamo. Posjetim brata i njegovu familiju, naša majka je već odavno umrla.

- Imate sretno lice kad pričate o Vezišću.

Milka se nasmijala bez odgovora.

Student je zaključio:

- Znači, ni Vaš život nije tekao onako kako ste Vi htjeli.

- Ne, nije. Imala sam sreću.

Mladić se nakratko zamislio.

Gledao je tupo u žlicu u rukama.

Milka ga je promatrala bez riječi. Nije htjela prekinuti njegovo razmišljanje. Bilo je jasno da mladić traži način kako da sagleda sreću u svom životu. Imao je izraz djeteta koje pokušava riješiti težak zadatak.

Na kraju se na njegovom licu pojavio smiješak.

Odložio je žlicu i rekao:

- Interesantno da pričamo o roditeljima. Baš sam se danas sjetio da je sada, u nedjelju, godišnjica smrti moje mame.

Milka je rekla:

- Da budem iskrena: pitala sam Vas za vaše roditelje jer sam mislila da možda nemaju posla i da Vas zato ne mogu pomagati. Ja bih se u tom slučaju potrudila da dobiju neku pomoć. Ali to nije slučaj.

- Da, to nije slučaj ... Ja sam slučaj, gospođo Trnina. – nasmijao se mladić tužno.

- Vi niste slučaj, gospodine Horvat. – rekla je Milka blago. – Vi samo živite u teškom vremenu.

Student ju je gledao bez riječi.

Milka je nastavila:

- Upravo sam dobila pismo od gospodina Špišića. On je doktor u bolnici Crveni križ, radi kao ortoped ... Znate gdje je bolnica Crveni križ?

- Da, znam.

- Ja se mogu angažirati da tamo dobijete posao kao ispomoć. Bolnica je puna, a osoblja jako malo. Svaka pomoć je dobrodošla.

Mladić ju je pogledao smeteno:

- To ćete napraviti za mene?

- Da.

- ... Zašto?

- Tako ćete dobiti bar jedan obrok dnevno, moći ćete upoznati pojedince i razvijati dobre odnose s pojedincima.

Student je netremice pogledao Milku:

- Je li Vi to pokušavate da me preodgojite, gospođo Trnina?

Žena je odvratila pogled svojim jasnim očima:

- Da.

- Zašto to radite?

- Ne mogu dozvoliti da tako naivan i otvoren čovjek postane ciničan. Za to niste stvoreni, gospodine Horvat.

- Hm ... Vi me zaista impresionirate, gospođo Trnina.

Milka je kimnula glavom, ustala, otišla do vrata i otvorila ih je:

- Rega?

Na kuhinjskim vratima se pojavila služavka:

- Milostiva?

- Molim Vas, donesite mi papir za pismo.

- Odmah. – rekla je Rega.

Milka se okrenula gostu i rekla:

- Napisati ću doktoru Špišiću pisamce za Vas, jednostavnu preporuku ... U redu?

- Vrlo plemenito, moram reći.

- Samo ...

- Da?

- Molim Vas da ne prodate tu preporuku nekome drugome. Ona Vam danas puno više znači nego novci koje možete za nju dobiti.

Mladić je malo pocrvenio u licu, ali nije ništa rekao.

Milka je dodala:

- Osim toga napisat ću doktoru Špišiću vaš opis i vaše sposobnosti.

- Moj opis i moje sposobnosti?

- Da.

- Ja imam sposobnosti, gospođo Trnina?

- Naravno.

- Koje?

Milka se nasmijala:

- Posebno dobro znate pričati, gospodine Horvat.

Sad se i mladić nasmijao:

- Sad me zafrkavate, milostiva, kaj ne?

- Ne. Vi možete razveseliti ljude svojom pričom, a za oporavak je duh jednako važan kao i tijelo. To je nevidljivi lijek koji djeluje.

- Zaista tako mislite?

- Da.

- Hm ... Ne znam što da kažem.

- Ne trebate ništa reći.

- A šta ćemo s knjigom?

- Knjigu ćete odnijeti u fakultetsku biblioteku i tamo ćete je donirati.

- Donirati? Zašto donirati? Knjiga je vrlo skupa.

- Baš zato što je skupa. Poklonit ćete knjigu biblioteci jer je znanje vrijedno i znanje treba dalje širiti. Osim toga Vi ste dovoljno bogati da možete poklanjati drugima.

Sada se student počeo smijati:

- Dovoljno bogat? ... Hahahahaha ... To je dobar vic, milostiva ... Ja – bogat? ... Hahahahaha ...

- Tako je. Vi ste bogati.

- U čemu sam ja bogat? ... Hahahahaha ... Bogat? ... Hahahahaha ...

- U mogućnostima.

Student je zastao:

- U mogućnostima?

- Da, u mogućnostima. Niste na fronti i za to morate biti zahvalni. Za to da imate više mogućnosti da živite i preživite ovaj rat nego mladići na fronti.

Student je rekao:

- Hm ... To je istina. Nekako sam to izgubio iz vida.

Milka je rekla nakon kratkog:

- Razumijem. Čovjek to izgubi iz vida.

- Da,

- To je ljudski.

- Je? – upitao je mladić.

- Da. Lako se zaboravi da uvijek ima drugih kojima je teže nego nama.

- Da.

Milka ga je gledala kratko, a onda je rekla:

- Regu ste upoznali?

Mladić je pogledao Milku:

- Regu?

- Da, moju domaćicu.

- Da, naravno.

- Znate, Rega ima susjedu s kojom je jako dobra.

- Je li mislite na ... kako se zvala? ... Da, Rega je spomenula svoju susjedu. Zove se ... Koja ima muža Lojzeka, koji je poginuo u ratu?

- Da, tu susjedu. Zove se Slava.

- Da, da, Slava.

- Da, Slava ima troje djece i udovica je.

- Strašno ...

- Slava je jako boležljiva i dobiva samo ratnu penziju kao udovica. To je jako malo. Ali treba nekoga koji će napraviti štogod oko stana – posla u kući se uvijek nađe, njoj fali muška ruka. Ništa puno. Ali ne može nikoga platiti za to.

- Hoćete reći ...? – počeo je mladić zbunjeno.

Milka nije reagirala.

Mladić je pogledao Milku:

- Hoćete reći ... Znate šta, gospođo Trnina, ako bi gospođa Slava htjela, ja bih joj rado pomogao. Mislim, ja imam tu i tamo vremena, pa ako njoj nije krivo da dođe strani muškarac u kuću, nema problema. Ja sam u najboljim godinama, u punoj snazi, pa, molit ću lijepo, stojim udovici rado na raspolaganju.

Milka je pogledala mršavog muškarca s divljenjem i kimnula glavom:

- Vi ste pravi gospodin, gospodine Horvat. – rekla je.

Mladić ju je pogledao sa sjajem u očima i također kimnuo glavom.

Milka je dodala:

- Rega će Vam dati Slavinu adresu, pa ako biste mogli svratiti do nje tu i tamo, bilo bi to zaista plemenito.

- Naravno, gospođo Trnina. – rekao je mladić toplo.

- Hvala Vam. – rekla je Milka.

Mladić je kratko razmišljao, a onda se nasmijao:

- Nešto Vam se mora priznati, gospođo Trnina.

Milka ga je upitno pogledala.

- Vi ne odustajete tako lako od teških slučajeva.

Milka Trnina se sada nasmijala:

- Ah, Vi niste tako težak slučaj kako mislite.

Mladić se nasmijao, ali ovaj put njegove oči su bile mirne i pune života. Dignuo je čašu vina:

- To onda moram zaliti.

- Naravno, gospodine Horvat. U Vaše zdravlje!

Povijesne figure i mjesta u tekstu:

Milka Trnina, operna pjevačica (Vezišće, 19. prosinca 1863. – Zagreb, 18. svibnja 1941.)

Milka Trnina je rođena u Vezišću, selu udaljenom oko 50 kilometara istočno od Zagreba. Nakon smrti njezinog oca brigu o odgoju mlade Milke Trnine je preuzeo njezin ujak, hrvatski književnik Janko Jurković. On ju je dao u Zagrebu u privatnu školu Ide Wimberg Brkić gdje je učila pjevanje. Nadalje Milka je studirala na bečkom konzervatoriju i učila pjevanje kod Josepha Gänsebachera. Prvi nastup kao operna pjevačica je imala u Zagrebu, ali nadalje je nastupala u Leipzigu, pa zatim u Grazu i Bremenu. Bila je članicom državne opere u Münchenu, a nastupala je u Bayreuthu. Također je pjevala u londonskom Covent Gardenu, a onda u Metropolitanu u New Yorku. Ona je izuzetno pjevala opere Richarda Wagnera, a isto tako je bila sjajna Tosca. Zbog zdravstvenih problema završava svoju karijeru 1906. godine. Vraća se u Zagreb 1913. godine, a 1923. postaje počasnom članicom Muzičke akademije gdje je voditeljica odjela solo pjevanja i članica ispitne komisije. Umire 1941. godine od upale pluća kao i njezin otac. Po Milki Trnini nazvan je jedan slap na Plitvičkim jezerima, a 1958. godine osnovana je Nagrada Milka Trnina.

Janko Jurković, književnik i novinar (Požega, 21. studenog 1825. – Zagreb 20. ožujka 1889.)

Janko Jurković je rođen u Požegi, studirao je bogoslovlje, a kasnije pravo u Zagrebu. Radi kratko u Zagrebu, potom u Beču, onda u Osijeku i ponovo u Zagrebu. U Zagrebu radi kao profesor. Piše dramska djela među kojima prevladavaju komedije, zatim novele, pjesme i feljtoni. Njegova poznata djela su novela „Pavao Čuturić”, komedija „Tuskulanijada”, „Čarobna bilježnica”, „Što žena može”, „Imenjaci”, i dr., te drama „Posljednja noć” i tragedija „Smiljana”.

Dimitrija Demeter, pjesnik, dramatičar, književnik i prevoditelj (Zagreb 21. srpnja 1811. – Zagreb 24. lipnja 1872.)

Dimitrija Demeter se rodio u Zagrebu gdje je završio gimnaziju. Studirao je filozofiju u Grazu, medicinu u Beču i u Padovi. Za vrijeme studija se bavio literaturom, a nakon povratka u Zagreb priključuje se Ilirskom pokretu – političkom pokretu između 1830. i 1845. koji je imao za cilj ujedinjenje svih Ilira, tj. svih južnih Slavena. Demeter je u Zagrebu prvo radio kao liječnik, a od 1841. godine bavi se samo literaturom. Demeter je jedan od osnivača Hrvatskog narodnog kazališta u kojem je zatim imao funkciju upravitelja i dramaturga. Petnaest godina nakon njegove smrti osnovana je Demetrova nagrada za dramu. Urednik je hrvatskog dijela pravnog rječnika „Juridisch-politische Terminologie für die slavischen Sprachen Oesterreichs“. Bio je također urednik različitih hrvatskih književnih, političkih i pravnih časopisa i ima važnu ulogu u organiziranju kulturnog života u Zagrebu i u Hrvatskoj. Njegova najpoznatija djela su: libreto za operu „Ljubav i zloba“ i „Porin“ od Vatroslava Lisinskog, drame „Dramatička pokušenja“ I i II, poema „Grobničko polje“ te drama „Teuta“.

Gjuro Szabo, povjesničar i muzeolog (Novska, 3. veljače

1875. – Zagreb 2. svibnja 1943.)

Gjuro Szabo je završio osnovnu školu i gimnaziju u Zagrebu, a u Beču je studirao povijest i germanistiku. Radio je kao učitelj u Senju, Osijeku, Bjelovaru i Zagrebu. Na području konzervacije i restauracije spomenika usavršuje se u Budimpešti, Pragu, Beču i Nürnbergu. Poslije toga radi u gimnaziji u Zagrebu od 1907. do 1910. i od 1912. do 1020. Od 1911. obavlja različite funkcije u području muzeologije, a od 1928. do 1943. godine bio je ravnatelj Muzeja grada Zagreba. Objavio je brojne radove na području povijesti, umjetnosti i muzeologije.

August Harambašić, pisac i novinar, pjesnik, odvjetnik, političar i prevoditelj (Donji Miholjac, 14. srpnja 1861. – Zagreb 16. srpnja 1911.)

August Harambašić je pohađao gimnaziju u Požegi, a maturirao je u Osijeku. Studirao je pravo u Zagrebu i Beču, a diplomirao je u Zagrebu, gdje je također doktorirao te položio odvjetnički ispit. Pravo obavljanja odvjetničke prakse dobio je 1900. godine. Bio je urednik i novinar raznih političkih i književnih časopisa te dnevnih novina. Prevodio je književna djela s njemačkog, francuskog, talijanskog, ruskog, češkog, poljskog i bugarskog. Literarno je bio poznat po pripovijetkama i pjesmama.

Gostionica „Matejna“

Poznati lokal na Gornjem gradu u Zagrebu na uglu današnje Demeterove ulice (nekadašnja Pivarska ulica) i Basaričekove ulice. „Matejna“ je dobila naziv po njegovom vlasniku Miji Matejni i bila je omiljeni lokal početkom 20. stoljeća. U njega su zalazili brojni umjetnici, književnici, političari i građani.

Među poznate goste se broje: pjesnik Antun Gustav Matoš, pisac August Šenoa, pjesnik Tin Ujević i drugi. Gostionica je srušena 1936. godine i na tom mjestu je sagrađena tada najmodernija vila za bogatog trgovca Vladimirka Arka. Vila je kasnije preuređena od strane Ante Topić Mimare, kolekcionara umjetninama koji je svoje umjetnine poklonio Hrvatskoj.

Gostionica „Pod starim krovovima" je poznati lokal na Gornjem gradu u Zagrebu u Basaričekovoj ulici. Taj lokal je jedan od najstarijih lokala u Zagrebu jer je otvoren 1830. godine i Zagrepčani se njime jako ponose. U njemu su snimane scene iz hrvatskoga kultnog filma „Tko pjeva, zlo ne misli".

Tkalčićeva ulica je danas ulica poznata po lokalima i kafićima i omiljena je promenada iza Trga bana Jelačića (kolokvijalno zvana "Tkalča"), finalno uređena 2002. godine. Početkom 20. stoljeća Tkalčićeva ulica je bila "ulica crvenih svjetiljki" – ulica bordela koji su bili legalno otvarani i koji su bili rado posjećivani od oficira, bogatijih građana te dobrostojećih studenata.

VOCABULARY

Abbreviations:
acc. – accusative
coll. – colloquial language
dat. – dative
dial. – dialect
f - female
fig. – figurative
gen. – genitive
hist. – historical
inf. – infinitive
inst. – instrumental
lat. – Latin
loc. – locative
m – male
n – neuter
N - nominative
pej. – pejorative, deprecative
pfv. a. – perfective aspect
pl. – plural
PPA – past participle active
sg. – singular
voc. – vocative
vulg. – vulgar

A

Adamova jabučica – Adam´s apple

anđeo čuvar – guardian angel

armenijska crkva – Armenian church

B

baciti, ja bacim *(pfv. a)* – to throw, to throw away; baciti pogled – to take a look bajoneta – bayonet

bastard (*pej.*) – bastard

baviti se, ja se bavim – to deal with, to occupy oneself

besplatan, besplatna, besplatno (m/f/n) – free of charge, gratis

bezglasna (f) – noiseless

bezobrazan, bezobrazna, bezobrazno (m/f/n) – cheeky, impertinent

bilo pa prošlo (*phrase*) – „what's done is done"

bilježnica – notebook

bircuz (*coll., pej.*) – inn, tavern

bivši (m) – former

blago – soft

blagovaonica – dining room

blizina – close; u blizini – near

blizu – near

bližnji, bližnja (m/f) – fellow human being

boem – bohemian

Bog – God; Bog će im oprostiti – God shall forgive them

bog zna što → pričam kao da je to bog zna što – I'm telling this like it's a big deal

bogat, bogata, bogato (m/f/n) – rich

bogoslovlje = teologija – theology

boležljiva (f) – sickish, ailing, pasty face

bolnije – more painful

bolno – painful

bolje rečeno – or should I say, or more precisely

bože moj! – my God!

Bože! – God!

brbljavo – chatty, gossipy

briga – care; preuzeti brigu o – to take care of

brinuti se, ja se brinem – to worry; to take care

brižan, brižna, brižno – careful

brojati se, ja se brojim – to count

brojka – number; count

brojni (m) – numerous

brujati, ja brujim – to roar, to hum; bruji se o – rumour spreads

bu → ne bu niš od toga (*dial.*) = neće biti ništa od toga – nothing will come of it

budala – fool

budem → da budem iskrena – to be honest

buniti se, ja se bunim – to protest, to get indignant

Buš ga ti pojel? (*dial.*) = Budeš ga ti pojeo? = Hoćeš ga ti pojesti? – Do you want to eat it (cake)?

C

cifrati se, ja se cifram (*coll.*) = nećkati se, ja se nećkam – to consider, to weigh

cijeniti, ja cijenim – to appreciate

cilj – goal, aim

Č

čak – even

čaroban, čarobna, čarobno (m/f/n) – enchanting

časopis – magazine

čast – honour; posebna mi je čast – It is a special honor for me

čega → nije joj ni do čega – she doesn´t feel like it

čekanje – waiting

čekati, ja čekam – to wait

čeličiti se, ja se čeličim – to steel oneself

češnjovka – garlic sausage

čežnja – longing

čim – as

činovnici (pl.) – clerks

činjenica – fact

članica – member (*female*)

čovek (*dial.*) = čovjek – man; human; oneself

čudo – miracle; nije čudo – no wonder

čuti, ja čujem – to hear

čuvar → anđeo čuvar – guardian angel

čvarci (pl.) – greaves

Ć

ćaknut (m) *coll.* – crazy

ćaskati, ja ćaskam – to chat

D

da – yes; that; vama se ništa ne da sakriti – nothing remains hidden from you

dakle – well, thus, so

dalje – further, furthermore

današnji, današnja, današnje (m/f/n) – today´s

darovit (m) – gifted

dati nalog – to give an order

dati, ja dam (*oder*: ja dajem) – to give, to let; dati dijete na školovanje – to give a child into education, to have a child educated

davno – long ago; nekad davno – once

deca (*dial.*, *coll.*) = djeca – children

deda (*coll.*) – grandpa

delati, ja delam (*dial.*, *coll.*) = raditi, ja radim – to work

dignuti, ja dignem (*pfv. a.*) – to lift

dijela (G) → N: dio (G: dijela) – part

dijeliti, ja dijelim – to share, to distribute

dika (*from* dičiti se – to be proud) – pride

dimljeni sir – smoked cheese

dio – part

disati, ja dišem – to breathe

diviti se, ja se divim – to admire

divljenje – admiration

djelo – work

djetinjstvo – childhood

dlaka → nemati dlaku na jeziku – not to mince one`s words, to be outspoken

dnevne novine – daily newspaper

dnevno – daily

dobit (*coll.*) = dobiti – to get

dobivati, ja dobivam – to get

dobročiniteljka – benefactress

dobrodošla (f) – welcome

dobrostojeći (m) – wealthy

dobrotvorne svrhe – charitable donation

dobrotvorni – charitable

dogovoriti se, ja se dogovorim (*pfv. a.*) – to make a deal

dok – during, as

dok (*coll.*) = sve dok – until

dokaz – proof

dolaziti, ja dolazim – to come; dolaziti k sebi – to right-think

domaća hrana – home-style cooking

domaćica – housewife; hostess

domov (*dial.*) = kod kuće – at home

Donesite! – Bring it! Bring along!

donirati, ja doniram – to donate, to spend

dopustiti, ja dopustim (*pfv. a.*) – to allow, to permit

došel (*dial.*) = došao – come

dosta – enough

dotaknuti, ja dotaknem (*pfv. a.*) – to touch

doušnik – informer; policijski doušnik – police informer

dovršiti, ja dovršim (*pfv. a.*) – to bring to an end

doživljavati, ja doživljavam – to experience

dozvoliti, ja dozvolim (*pfv. a.*) – to allow; ako mi dozvolite tako drsku poredbu – if you allow me to make such a cheeky comparison

dragocjen, dragocjena, dragocjeno (m/f/n) – valuable

dramska djela (pl.) – dramatic works, dramas

drska (f) – impertinent

drugim riječima – in other words

društvo – company

držati, ja držim – to hold; držati salon – to organise a salon

država – state

državna opera – state opera

duh – spirit

duhovni (m) – spiritual

duša – soul; Bog da joj dušu prosti – God have mercy on her soul

dužiti, ja dužim – to protract; da ne dužim – to cut a long story short

dvor – court; bečki dvor – Viennese Court

dvorana – hall; plesna dvorana – dance hall

Dvorska opera – State Opera

Dž

džep – pocket

E

elokventna (f) – eloquent

F

faliti, ja falim (*coll.*) – to miss

feš (*coll.*) = zgodan – pretty

fin, fina, fino (m/f/n) – fine

frajlica (*coll.*) – Miss, unmarried woman

front = fronta – front

furt (*coll.*, *dial.*) = stalno – always, constantly

G

gablec (*coll.*) – a meal or snack between breakfast and lunch

gemišt (*dial.*, *coll.*) – spritzer (*mixture of wine and soda*)

glas – voice

glasan, glasna, glasno (m/f/n) – loud

glasina – rumor, gossip

glava – head; glavom – with the head

glupo – stupid

god → kad god je moguće – whenever it its possible

godišnjica – jubilee

gol, gola, golo (m/f/n) – naked

gori (m) – worse

gospodarica – housekeeper, lady of the house

gospođica – Miss

gostionica – inn, tavern

govor – language; način govora – kind of language

grabiti, ja grabim – to dig; to spoon

građan – citizen

grah – beans

graja – noise

grčkog porijekla – of Greek descent

Grk – Greek

grozan, grozna, grozno (m/f/n) – terrible, horrible

gubiti, ja gubim – to lose

gutajući – swallowing

gutljaj – swallow

H

hausmajstor (*hist.*, *coll.*) – caretaker, janitor

historija – history

historijski (m) – historical

hitnost – haste, urgency

hiža (*dial.*) = kuća, dom – house, home

hodati, ja hodam – to walk, to take steps, to run

hodnik – antechamber

hrabro – brave

Hrvatsko narodno kazalište (HNK) – Croatian People´s Theatre

I

iako – although

Iliri (pl.) – Illyrians

imati s nekim posla – to get to do with someone

ime (*inst*: s imenom) – name

imenjaci (pl.) → N: imenjak – someone of the same name

inače – otherwise

inkomodirati, ja inkomodiram – to disturb

ipak – however

iskustvo – experience

ispit – examination

ispit – exam; odvjetnički ispit – bar exam

ispomoć – temporary helper

ispraviti, ja ispravim (*pfv. a.*) – to correct, to rectify

ispričati, ja ispričam (*pfv. a.*) – to tell

istina – truth

istinit, istinita, istinito (m/f/n) – truthful

istočno – eastern

iščupati, ja iščupam (*pfv. a.*) – to tear out

izaći, ja izađem (*pfv. a.*) – to come out; to get out

izazivati, ja izazivam – to cause, to bring about

izbaciti, ja izbacim (*pfv. a.*) – to throw out

izbrbljati, ja izbrbljam (*pfv. a.*) – to blurt out

izdanje – issue; release

izgladnio (m) – starved

izgubiti, ja izgubim (*pfv. a.*) – to lose; izgubiti nešto iz vida – to lose sight of so.

izlupati, ja izlupam (*pfv. a., coll.*) – to beat up

između – between; among

iznenađeno – surprised

izraz – expression

izuzetan, izuzetna, izuzetno (m/f/n) – extraordinary

izvaditi, ja izvadim (*pfv. a.*) – to take out, to get out

izvinuti (se), ja (se) izvinem (*coll.*) – to apologise

izvukli korist od – thay have taken advantage of

J

jadnički (pl.) *coll.* – the poor

jak, jaka, jako (m/f/n) – strong

jasan, jasna, jasno (m/f/n) – clear

javiti se za riječ – to speak up

jednako – same

jesti, ja jedem – to eat

jus – law

južni Slaveni (pl.) – South Slavs

K

k tome – besides, in addition

k´o = kao – like

kaj (*dial., coll.*) = šta – what; išta – anything

kaj (*dial.*) = što – what; Kaj nisi mogel pričekati do sutra? = Zar nisi mogao pričekati do sutra? – Couldn´t you have waited until tomorrow?

Kaj da vam velim? (*dial., coll.*) = Što da vam kažem? – What do you want me to say? What can I tell you?

kaj ne (*dial., coll.*) = zar ne – isn´t it

kak (*dial.*) = kao – like

kak (*coll.*) = kako – how

kalkulirati, ja kalkuliram – to calculate

kao da – as if

kao što znate – as you know

kartaška igra – card game

kasnije – later

katarza – catharsis

kavana – coffee house

kazalište – theatre

kimnuti, ja kimnem – to nod

kiselo zelje (*dial., coll.*) = kiseli kupus – sauerkraut

klozet – WC, toilet

knap (*coll.*) – short, on the eve of

književnik – writer

književno djelo – literary work

kočija – carriage

kočijaš – coachman

kočijaški turnir (*hist.*) = card tournament among coachmen

komad – piece

komadić = mali komad – a small piece

konačno – finally

kosidba – haymaking

kost – bone; sama kost i koža – emaciated to the bone, scrawny figure

kožna torba – leather bag

kraj – end

kraj – next to

kranjske (kobasice) – Kreiner sausage

krava – cow

krivo – wrong; nije joj krivo – she doesn´t mind

krpa – rag; obrisati krpom – to wipe with a rag

kršćanska poduka – Christian teaching; dati kršćansku poduku – to give Christian teaching

kruna – crown

krv – blood

krvavi (m) – bloody

kujemo – we forge; inf. kovati, ja kujem – to forge; kovati budućnost – to forge future

kultni film – cult film

kupon – coupon

kurva (*vulg.*) – whore

lak, laka, lako (m/f/n) – light

lake frajle (pl. – *dial., coll., pej.*) – slappers, tramps (prostitutes)

lako – easy

laskati, ja laskam (*pfv. a.*) – to pay compliments

latiti se posla, ja se latim posla – to get enthusiastic to work

laž – lie

lažu – they lie; inf. lagati, ja lažem – to lie; ljudi lažu čim zinu (*phrase*) – poeple are a lying so-and-so

leđa – back

lep (m – *dial., coll.*) = lijep – beautiful; lep kak slikica (*dial.*) = lijep kao slika – picture-perfect

ležati, ja ležim – to lie

lice – face; visage, countenance

lijek – medicine

literat – man of letters, writer

loker (*coll.*) – loose

luđaci (pl.) – the mad

ljubav – love; ljubav na prvi pogled – love at first sight

ljubavna veza – love affair

ljubazan, ljubazna, ljubazno (m/f/n) – nice, kind

ljudski (m) – human

ljutiti, ja ljutim – to annoy

ljutito – annoyed

M

magla – fog

majčinski – motherly

mamica (*dial.*) = mama – mummy

manire (pl.) – manners, good behaviour

masa – mass

masni (m) – fat; masni honorar (*coll.*) – high fee

među – among; between

melem – salve

mijenjati se, ja se mijenjam – to change

milina → bilo je milina (*phrase*) – it was nice, it was delightful

milostiva – madam

mir – rest; imati mira – to have rest, to be left alone

mirno – calm

mišljenje – opinion; biti mišljenja – to be of an opinion

mizerija – misery

mladić – young man

mogel (*dial.*) = mogao – could

mogući (m) – possible

mogućnost – possibility

molić005lijepo = molit ću lijepo – here you go

mrla (*dial.*) = umrla (f) – died

mršav, mršava, mršavo (m/f/n) – thin, slim, skinny

muška pratnja – male company

muškarac – man

muški (*coll.*) – man

muško ime – male name

muž (*dial.*) = muškarac – man

muži (pl.) *dial.* = muškarci – men

N

na primjer – for example

način – manner

načitan, načitana, načitano (m/f/n) – well-read, erudite

nada – hope

nadalje – further

nađe – finds; inf. naći, ja nađem (*pfv. a.*) – to find

naglo – suddenly

nagovoriti, ja nagovorim (*pfv. a.*) – to persuade

nagrada – prize; award

nagrađen, nagrađena, nagrađeno (m/f/n) – rewarded

naime – namely

naivan, naivna, naivno (m/f/n) – naive

naivnost – naivety

najmilija (f) – best

naknada – compensation; fee

naknadno – later, additional

nakratko – short, briefly

naložiti, ja naložim (*pfv. a.*) – to give an order

napraviti, ja napravim (*pfv. a.*) – to do, to make

narod – people

nasjesti, ja nasjednem (*pfv. a.*) – to be a sucker for so./sth.

nasmijana (f) – with smile on her face

nasmiješiti se, ja se nasmiješim (*pfv. a.*) – to smile

nastaviti, ja nastavim (*pfv. a.*) – to continue

nastup – performance; appearance

nastupati, ja nastupam – to perform; to appear; to occur

naški (*coll.*) = naš jezik – our language; objasniti nešto po naški – to make something understandable

navečer – in the evening

navodno – allegedly

nazad – back; backwards

naziv – title

nazvan (m) – named, called

nažalost – unfortunately

Neka uđe! – Let him in!

nemoguće – impossible

neodobravanje – disapproval

nestašica – scarcity, supply shortage

netremice – directly

nevidljiv (m) – invisible

nezavisna – independent

nezgodan, nezgodna, nezgodno (m/f/n) – unpleasant

neznanje – ignorance

ni – neither; not even

ni (*dial., coll.*) = nije – not

niti – niti = neither – nor

nitko – no one

nivo – level

no – but; no da – but

nobl – noble

norca (*acc.*) → N: norac (*dial.*) – fool, stupid

nos – nose; vući za nos (ja vučem za nos) – to give so. the runaround

nositi, ja nosim – to carry; to wear

novinar – journalist

nož – knife; nož s dvije oštrice – a knife with two blades

NJ

njegovan (m) – cultivated

nježno – tender, delicate

O

obavezno – badly, necessarily

obavljati, ja obavljam funkciju – to perform an activity; to fulfil a task

objasniti, ja objasnim (*pfv. a.*) – to explain

objašnjavati, ja objašnjavam – to explain

objaviti, ja objavim (*pfv. a.*) – to publish

oblik – form

obožavatelj – admirer

obožavati, ja obožavam – to adore, to idolise

obratiti se, ja se obratim (*pfv. a.*) – to turn

obraz – cheek

obrazovan, obrazovana, obrazovano (m/f/n) – educated

obrisati, ja obrišem (*pfv. a.*) – to wipe away

obrnuto – vice versa

obrok – portion

obrušiti se, ja se obrušim (*pfv. a.*) – to pounce on so./sth.

obrva – eyebrow

obzir → bez obzira na – regardless of

očaran (m) – enchanted

oči (pl.) – eyes

očigledno – obviously

od strane – on the part of, from

odavno – long ago

odgajati, ja odgajam – to bring up

odgovor – response, answer

odgovornost – responsibility

odjeća – clothing

odjednom – suddenly

odlagati, ja odlažem – to take off

odložiti, ja odložim (*pfv. a.*) – to take off

odlučivati, ja odlučujem – to decide, to make a decision

odluka – decision

odma (*coll.*) = odmah – immediately, at once

odmahnuti rukom – to wave off

odmjeriti od glave do pete – to look from head to toe

odnesti (*coll.*) – to take away

odnijeti, ja odnesem (*pfv. a.*) – to bring, to bring along

odnos – relationship, relation

odrasti, ja odrastem (*pfv. a.*) – to grow

odrediti, ja odredim (*pfv. a.*) – to determine

odrpan, odrpana, odrpano (m/f/n) – ragged

odrpanac – rascal

odustajati, ja odustajem – to give up

odvesti, ja odvedem (*pfv. a.*) – to bring, to take away; to depart

odvjetnička praksa – lawyer´s office

odvjetnik – lawyer

ogovarati, ja ogovaram – to gossip

ogroman, ogromna, ogromno (m/f/n) – huge

okolni (m) = iz okoline – from the surroundings

ometati, ja ometam – to disturb

onako – in the way

opasan, opasna, opasno (m/f/n) – dangerous

opis – description

oporavak – recovery

oporučno – testamentary

oprostiti, ja oprostim (*pfv. a.*) – to forgive, to pardon

opustiti se, ja se opustim – to relax

opušten (m) – relaxed

oružje – weapon

osnivač – founder

osnovan, osnovana, osnovano (m/f/n) – founded

osnovna škola – primary school, grade school

osobina – attribute, character

osoblje – domestic staff

osobno – personally

osramotiti, ja osramotim (*pfv. a.*) – to disgrace

ostati, ja ostanem (*pfv. a.*) – to remain over, to remain; to leave

ostaviti, ja ostavim (*pfv. a.*) – to leave; to remain

ostvariti, ja ostvarim ((*pfv. a.*) – to realise

osuđeno – condemned

oštri (m) – sharp; imati oštri jezik – to be sharp-tongued

oštri, oštra, oštro (m/f/n) – sharp

oštrica – blade; nož s dvije oštrice – a knife with two blades

otići, ja odem (*pfv. a.*) – to walk away

otjerati, ja otjeram (*pfv. a.*) – to chase away

otkupiti, ja otkupim (*pfv. a.*) – to buy off

otpiti, ja otpijem (*pfv. a.*) – to sip

otputovati, ja otputujem ((*pfv. a.*) – to leave, to depart

otrcan, otrcana, otrcano (m/f/n) – shopworn

ovca – sheep

ozbiljan, ozbiljna, ozbiljno (m/f/n) – serious

ozbiljno – serious

P

pandur (*coll.*) – policeman

perce = malo pero – small feather; lak kao perce (*phrase*) –
light as a feather

petkom – Fridays

pisac – writer

pisamce = malo pismo – a small letter, message

pitanje – question

pjesma – poem; song

pjesnik – poet

pjevanje – singing, song

plac (*coll.*) = trg – square

plaćati, ja plaćam – to pay

pladanj – tray

plemenit, plemenita, plemenito (m/f/n) – noble

plesna dvorana – dance hall

pobjeći, ja pobjegnem (*pfv. a.*) – to go away, to flee, to run away

pobijediti, ja pobijedim (*pfv. a.*) – to win

pocrveniti, ja pocrvenim (*pfv. a.*) – to blush

počasni (m) – honorary; počasna članica – honorary member (*female*)

počasni (m) – honourable

početak – beginning

početi, ja počnem (*pfv. a.*) – to start, to begin

pod = ispod – under

podići spomenik – to memorialize

podignuo – raised; inf. podići, ja podignem (*pfv. a.*) – to raise; podići prst – to lift finger

podjela – distribution

podređen (m) – subordinate

područje – area

podučavati, ja podučavam – to teach

poginuti, ja poginem (*pfv. a.*) – to fall, to perish

pogled – look; baciti pogled – to take a look; ljubav na prvi pogled – love at first sight

pogledati, ja pogledam (*pfv. a.*) – to look, to cast a glance

pojava – appearance

pojaviti se, ja se pojavim (*pfv. a.*) – to appear

pojedinac – individual

pokazati, ja pokažem – to show, to point out

poklanjati, ja poklanjam – to give so. sth.; to gift sth.

pokloniti, ja poklonim (*pfv. a.*) – to give so. sth.; to gift sth.

pokrenuti se, ja se pokrenem (*pfv. a.*) – to move, to set in motion

pokret – movement; u pola pokreta – in mid-motion, in the middle of movement

pokucati, ja pokucam ((*pfv. a.*) – to knock

pokušavati, ja pokušavam – to try

pola pokreta → u pola pokreta – in mid-motion

politizirati, ja politiziram – to politicise

poluosušeni (m) – semi-dry

pomaže – helps; inf. pomagati, ja pomažem – to help

pomiriti se s, ja se pomirim s (*pfv. a.*) – to put up with, to reconcile with

pomoć – help

pomoći, ja pomognem (*pfv. a.*) – to help

ponajmanje – least

ponositi se, ja se ponosim – to be proud of

ponovo – again, once more

ponuda – offer

ponudil (*dial.*) = ponudio – offered

ponuditi se, ja se ponudim (*pfv. a.*) – to offer oneself

ponuditi, ja ponudim (*pfv. a.*) – to offer

poredba – comparison

porijeklom – from origin

porod – delivery

poručati, ja poručam (*dial., coll.*) *pfv. a.* – to have lunch

poruka – message

posebno – especially

posjećivan (m) – visited

posjet – visit

poslušno – obedient

Poslužite se! – Help yourself!

postojati, ja postojim – to exist

pošto – (*conjunction*) with regard to, because, on

potlačen (m) – suppressed

potom – afterwards

potomci (pl.) – descendants; sg. potomak

potpuno – totally

potražiti, ja potražim (*pfv. a.*) – to locate, to seek so. out

potreba – need

potruditi se, ja se potrudim (*pfv. a.*) – to try for sth., to go after sth.

povezivati, ja povezujem – to associate

povjesničar – historian

povijest – history

povjesničar – historian

povod – occasion

povratak – return

povučen, povučena, povučeno (m/f/n) – withdrawn, introverted, shy

poznanstvo – acquaintance

poznat, poznata, poznato (m/f/n) – famous, known

poznavati, ja poznajem – to know

pozornica – stage

pozvati, ja pozovem (*pfv. a.*) – to invite; to call

prasnuti u smijeh – to burst into laughter

pratnja – company

pravni rječnik – law dictionary

pravo – law

pravo – right; imati pravo – to be right

prebolan (m) – too painful

pred = ispred – in front of

predsoblje – antechamber

predvodnik – leader

preiskren – too honest

prekidati, ja prekidam – to interrupt

prekinuti, ja prekinem (*pfv. a.*) – to interrupt

premali (m) – too small

premalo – too little

preodgojiti, ja preodgojim (*pfv. a.*) – to re-educate

preporučiti, ja preporučim (*pfv. a.*) – to recommend

preporuka – recommendation

preraditi, ja preradim (*pfv. a.*) – to edit

prestajati, ja prestajem – to stop

pretpostavljati, ja pretpostavljam – to suppose

preuzeti, ja preuzmem (*pfv. a.*) – to take over

prevarant – cheat, fraud

prevaren (m) – cheated

preveć (*dial.*) = previše – too much; biti preveć lep (*dial.*) – to be very pretty

prevoditelj – translator

prevoditi, ja prevodim – to translate

prezivati se, ja se prezivam – to be called by one´s family name

preživjeti, ja preživim (*pfv. a.*) – to survive

priča – story

pričanje – talking; talent za pričanje – eloquent

pričekati, ja pričekam (*pfv. a.*) – to wait, to wait and see

prijateljstvo – friendship

prijazni (m) – kind, pleasant

priključivati se, ja se priključujem – to join

prilično – quite

primijetiti, ja primijetim (*pfv. a.*) – to notice

primiti, ja primim *(pfv. a.)* – to receive

primjer – example; na primjer – for example

pripovedati, ja pripovedam (*dial.*) = pričati, ja pričam – to talk, to speak, to tell

pripovijetka – novella or short story

prirediti, ja priredim *(pfv. a.)* – to prepare

priroda – nature; ljudska priroda – human nature

pristojno – civilized

prisutan, prisutna, prisutno (m/f/n) – present

privlačiti, ja privlačim – to attract

priznati, ja priznam *(pfv. a.)* – to admit

prodati, ja prodam *(pfv. a.)* – to sell

prođe – passes by; inf. proći, ja prođem *(pfv. a.)* – to pass by

progutati, ja progutam *(pfv. a.)* – to swallow

proklet (m) – damn

prolistati, ja prolistam *(pfv. a.)* – to flick through

promatrati, ja promatram *(pfv. a.)* – to watch, to look at

promijeniti, ja promijenim *(pfv. a.)* – to change

promjena – change

propast – defeat

propasti, ja propadnem *(pfv. a.)* – to go down, to sink, to perish

prosjak – beggar

proslijediti, ja proslijedim *(pfv. a.)* – to pass on

prosti → Bog da joj dušu prosti – may God have mercy on her soul

prostorija – space

protiv – against

provesti, ja provedem *(pfv. a.)* – to spend

prut – rod; tanak kao prut – thin as a rod

pružiti, ja pružim *(pfv. a.)* – to give, to reach out

psina – malice, prank

puca *(dial.)* = djevojka – young woman

pučka škola *(hist.)* – primary schools (4 years)

pustiti, ja pustim *(pfv. a.)* – to let, to let go, to discharge

put – way

R

računati, ja računam – to calculate

rad (pl. radovi) – work

radnička revolucija – workers' revolution

rado – gladly

rame – shoulder; nositi nešto preko ramena – to carry something over the shoulder

rana – wound

raritet – rarity

raširiti se, ja se raširim *(pfv. a.)* – to spread

raskomadan (m) – chopped up, hacked

raspitati se, ja se raspitam *(pfv. a.)* – to find out

rasuti, ja raspem *(pfv. a.)* – to scatter

rat (pl. ratovi) – war

ratna godina – year of war

ratna penzija – war pension

razderati, ja razderem *(pfv. a.)* – to tear

razlika – difference; za razliku – in difference

razmem *(dial., coll.)* = razumijem – I understand

razmišljanje – thinking, reflection

razmišljati, ja razmišljam – to think, to ponder

razni, razna, razno (m/f/n) – different, various

razočarenje – disappointment

razumljivo – understandable

razveseliti, ja razveselim *(pfv. a.)* – to cheer up

razvijati, ja razvijam – to develop

rečenica – sentence (*in text*)

rečeno – said

Recite! – Say!

red – order; nije red – it is not proper

reda mora biti – there has to be order

rekel (*dial.*) = rekao – said

riječ – word; bez riječi – wordless

rijedak, rijetka, rijetko (m/f/n) – scarce

riješiti, ja riješim *(pfv. a.)* – to solve

rođakinja – relatives (*female*)

ručati, ja ručam – to have lunch

rugati se, ja se rugam – to mock, to make fun of sb.

ruka – arm; hand

S

sagledati, ja sagledam *(pfv. a.)* – to realise, to become aware of something

sagrađen (m) – built

sakriti, ja sakrijem *(pfv. a.)* – to conceal

sam, sama, samo (m/f/n) – alone; by oneself

sastanak – date, gathering

sat vremena – an hour

saznati, ja saznam *(pfv. a.)* – to experience, to bring to know

seosko dijete – village child

sestrična – cousin (*female*)

sići s uma – to go mad, to lose one´s mind

sila – power, force

siromašan, siromašna, siromašno (m/f/n) – poor

sit, sita, sito (m/f/n) – full

sjaj – shimmer, shine

sjajan, sjajna, sjajno (m/f/n) – shiny

Sjednite (se)! – Sit down!

sjesti (se), ja (se) sjednem – to sit down

sjeta – melancholy

skinuti se, ja se skinem *(pfv. a.)* – to undress

skinuti, ja skinem (kapu) – to take off

sklopiti prijateljstvo – to make a friendship

skoro – almost

skrenuti, ja skrenem *(pfv. a.)* – to redirect

skupljati, ja skupljam – to collect

slap (pl. slapovi) – waterfall

slavonski – Slavonic

slijediti, ja slijedim – to follow

slina – saliva

Slobodno recite. – Say it directly.

slučaj (pl. slučajevi) – case; u svakom slučaju – in every case; u tom slučaju – in that case

sluh – hearing

slušati, ja slušam – to listen

služavka – maid

smanjiti, ja smanjim *(pfv. a.)* – to make smaller

smeće – rubbish, garbage

smetati, ja smetam – to disturb

smeteno – confused

smijeh – laugh

smijući se – laughing

smiriti se, ja se smirim – to calm down

smrt – death

smrtnik – mortal

smrtonosan (m) – deadly; smrtonosniji – more deadly

snazi → N: snaga – strength; biti u punoj snazi – being full of strength

snimati, ja snimam – to film, to record

spasonosno (n) – saving

spomenik – memorial; podići spomenik – to memorialize

spomenuti, ja spomenem *(pfv. a.)* – to mention

sposobnost – ability

spremno – ready

sprijateljen (m) – to be friends (with so.)

spustiti, ja spustim *(pfv. a.)* – to lower, to sink

srce – heart

sreća – luck; happiness

sredinom – in the middle

sretno – happy

stajati, ja stojim – to stand

stanka – pause

stanodavka – landlady

stanje – stand; ne biti u stanju – not being able to

stari (ljudi) – old people

staviti, ja stavim *(pfv. a.)* – to give, to lay

stojim na raspolaganju – I am available

stoljeće – century

stran, strana, strano (m/f/n) – foreign

strast – passion

strašno – terrible

stražar – security guard

strina – aunt (*wife of paternal uncle*)

stvarno – real

stvoren, stvoren, stvoreno (m/f/n) – created

sugrađan – fellow citizen

suprotno – vice versa

suseda (*dial., coll.*) = susjeda – neighbour (*female*)

svakako – of course, however

svako (*coll.*) = svatko – everyone

svako malo – again and again, occasionally

svatko – everyone

sve dok – as long as

svejedno – no matter, it is unimportant

sviđati se, ja se sviđam – to like

svijet – world

svjetiljka – lamp; ulica crvenih svjetiljki – red light district

svjetska žena – world woman, cosmopolitan, woman of the world

svratiti, ja svratim *(pfv. a.)* – to come by

Š

šala – joke

šalje – sends; inf. slati, ja šaljem – to send

šaptati, ja šapćem – to whisper

šepati, ja šepam – to limp

šikerija (*coll., hist.*) – high society

širiti, ja širim – to spread

šivaća mašina – sewing machine

školovanje – education, training

školovati se, ja se školujem – to educate

šnaps (*dial., coll.*) – schnaps

šnapsl – *a card game*

špendirati, ja špendiram (*coll.*) – to pay for a round

šta pametnog – something clever

šteta – damage; pity

štogod – something, anything

štorija (*coll.*) – story

štovati, ja štujem = poštivati, ja poštujem – to respect

študent (*coll.*) = student – student

Šutite! – Be quiet!

švapska (čokolada) (*coll.*) – German chocolate

T

tada – then

tak (*dial.*) = tako – so

tanak, tanka, tanko (m/f/n) – thin, skinny

tanjur – plate

tanjurić = mali tanjur – dessert plate; cup plate

tat → kao tat uhvaćen na djelu (*phrase*) – like a thief caught red-handed

tatek (*dial.*) = tata – father

tek – only; tek onda – only then

tekao – flowed; inf. teći, ja tečem – to flow; PPA: tekao, tekla, teklo

tetica (*dial.*) = teta – aunt

tiče → što se tiče – regarding, concerning

tih, tiha, tiho (m/f/n) – quietly

tingl-tangl (*coll., hist.*) – tavern for bohemians, disreputable pub

tip – type

tišina – silence

tiskan, tiskana, tiskano (m/f/n) – printed

tiskara – printing company

tiskati, ja tiskam – to print

tjelesan (m) – physical

trbuh – stomach

trbuščić = mali trbuh – small stomach

trenutak – moment

trgovac – trader, dealer

trošak – expense, cost

trošan, trošna, trošno (m/f/n) – worn out

tu i tamo – now and then, now and again

tuča – brawl

tučnjava – brawl

tuga – grief

tukli – beaten; inf. tući se, ja se tučem – to beat; PPA: tukao, tukla, tuklo

tupo – blunt

tužno – sad

tvrditi, ja tvrdim – to claim

U

ubaciti se u (*acc.*), ja se ubacim u – to interfere in

ubijanje – killing

ubiti, ja ubijem (*pfv. a.*) – to kill

ubrus = salveta – napkin

učiniti, ja učinim (*pfv. a.*) – to make, to do; što mogu učiniti za vas? – what can I do for you?

udomaćiti, ja udomaćim (*coll.*) – to make home, to make domestic

udovica – widow

uglu (L) → N: ugao – corner

ujak – maternal uncle

ujediniti se, ja se ujedinim *(pfv. a.)* – to unite

ujedinjenje – association, union

ukusno – tasty, delicious

ulični cucak (*dial.*, *pej.*) = ulični pas – street dog

uloga – role

umjetnik – artist

umjetnina – art object

umjetnost – art

umrijeti, ja umrem *(pfv. a.)* – to die

umro, umrla, umrlo (m/f/n) – died

unija – union

uništavajući (m) – destroying

unutra – inside

uozbiljiti se, ja se uozbiljim *(pfv. a.)* – to become serious

upala pluća – pneumonia

upitati, ja upitam *(pfv. a.)* – to ask, to question

upitno – questionable

uplatiti, ja uplatim *(pfv. a.)* – to pay in

uporan, uporna, uporno (m/f/n) – steadfast, stubborn

upoznati, ja upoznam *(pfv. a.)* – to get to know

upravitelj – director

upravo – just

urediti, ja uredim *(pfv. a.)* – to set up

uređivati, ja uređujem – to set up; uređivati časopis – to edit a magazine

urednik – editor

usavršiti se, ja se usavršim *(pfv. a.)* – to specialise

usluga – favour

uslužno – helpful

usne – lips

uspomena – memento, memory

usput – also; on the way

usta – mouth

ustati, ja ustanem – to stand up

usuđivati se, ja se usuđujem – to dare

utroba (*pej.*) – womb

uvek (*dial., coll.*) = uvijek – always

uvjerljiv (m) – convincing

uvrijediti, ja uvrijedim *(pfv. a.)* – to offend, to insult

uzvratiti, ja uzvratim *(pfv. a.)* – to reply

V

vanbračno (n) – extramarital

varati, ja varam – to cheat

važan, važna, važno (m/f/n) – important

važiti, ja važim – to hold good, to be valid

važno – important

veče – evening

večerica (*coll.*) – evening meal

vedro nebo – serene sky

veza – bond, connection; ljubavna veza – love relationship

vic (pl. vicevi) – joke

vid – sight; izgubiti nešto iz vida – to lose sight of so.

videle (*dial., coll.*) = vidjele – seen

vika – shouting

viknuti, ja viknem *(pfv. a.)* – to shout

vječno – forever

vjerovati, ja vjerujem – to believe; to think

vlasnik – owner

voditeljica – leader (*female*)

vojnik – soldier

vraćati se, ja se vraćam – to return

vrag – devil

Vrapče *(coll.)* – *a mental hospital in Zagreb*

vratiti se, ja se vratim *(pfv. a.)* – to return

vreća – sack; vreća krumpira – potato sack

vrijedi cijelo bogatstvo – it is worth a fortune

vrijedno – precious, valuable

vrijednost – value

vrsta – species, kind

Z

zabiti, ja zabijem *(pfv. a.)* – to thrust

zaboraviti, ja zaboravim *(pfv. a.)* – to forget

zabraniti, ja zabranim *(pfv. a.)* – to forbid

začuđeno – astonished

zadatak – task, problem, mission

zadnji čas – last moment

zadovoljan (m) – satisfied

zafrkavati, ja zafrkavam *(coll.)* – to joke

Zagorje – *an area in the north of Croatia*

zagrcnuti se, ja se zagrcnem *(pfv. a.)* – to choke on sth., to swallow up

zahtijevati, ja zahtijevam – to demand

zahvalan, zahvalna, zahvalno (m/f/n) – grateful

zakaj *(dial., coll.)* = zašto – why

zaključiti, ja zaključim *(pfv. a.)* – to conclude

zakon – law

zakratko – after a short while

zalaziti, ja zalazim u gostionicu – to patronise a restaurant

zaliti, ja zalijem *(pfv. a.)* – to call for a drink

zalogaj – bite

zamalo – almost, nearly

Zamislite! – Imagine that!

zamisliti, ja zamislim *(pfv. a.)* – to image

zamoliti, ja zamolim *(pfv. a.)* – to ask, to request

započeti, ja započnem *(pfv. a.)* – to begin

zapravo – actually

zarađivati, ja zarađujem – to earn

zasad – at present, at the moment

zasigurno – certainly, for sure

zastati, ja zastanem *(pfv. a.)* – to pause

zavist – envy

završiti, ja završim *(pfv. a.)* – to end

zbunjeno – confused

zdrav, zdrava, zdravo (m/f/n) – healthy

zdravlje – health; U vaše zdravlje! – Cheers!

zdravstveni problemi (pl.) – health problems

zelje *(dial., coll.)* = kupus – cabbage; kiselo zelje *(dial., coll.)* – sauerkraut

Zemi! *(dial.)* = Uzmi! – Take it!

zemlja – soil

zemlja – land

zemljica = mala zemlja – a small land

zet – son-in-law

zgodno – nice, pretty

zinu → ljudi lažu čim zinu (*phrase*) – people are a lying so-and-so

zlato – gold

zlevanka – a simple cake made of maize grits and cheese

zlo – evil; „Tko pjeva, zlo ne misli" – „Whoever sings, means no harm"

zloba – malice

zmija – serpent, snake

znanje – knowledge

znati, ja znam – to know; to be able

zrela žena – a mature woman

zvanje → biti po zvanju – to be by profession

zvuk – sound

Ž

ženska (*dial., coll.*) = žena – woman

ženski oblik – female form

životinja – animal

žrtva – victim

župnik – priest

Croatian made easy
Available from July 2024

TEXTBOOKS

Level 0: Easystarts (A1) – up to 400 words

Ana Bilić: Croatian Simple Sentences 1
paperback, e-book, audio book and interactive e-book with audio

Ana Bilić: Croatian Simple Sentences 2
paperback, e-book, audio book and interactive e-book with audio

READING BOOKS

Level 0: Easystarts (A1) – up to 400 words

Ana Bilić: My Long-Distance Relationship / Moja daleka ljubav
paperback, e-book, audio book and interactive e-book with audio

Ana Bilić: The Silver Lamp / Srebrna lampa
paperback, e-book, audio book and interactive e-book with audio

Ana Bilić: The Stone Vase / Kamena vaza
paperback, e-book, audio book and interactive e-book with audio

Level 1: Beginners (A1 – A2) – up to 800 words

Ana Bilić: The Extraordinary Challenge / Izuzetni izazov
paperback, e-book, audio book and interactive e-book with audio

Ana Bilić: A Definite Thing / Definitivna stvar
paperback and e-book

Ana Bilić: The Little Big Decision / Mala velika odluka
paperback and e-book

Level 2: Intermediate (A2) – up to 1200 words

Ana Bilić: Next to me / Kraj mene
paperback, e-book, audio book and interactive e-book with audio

Ana Bilić: The Stranger / Stranac
paperback and e-book

Level 3: Advanced (B1) – up to 1700 words

Ana Bilić: The Girlfriends / Prijateljice
paperback and e-book

Ana Bilić: Summer Holiday in Istria / Ljetovanje u Istri
paperback, e-book, audio book and interactive e-book

Ana Bilić: Departure / Odlazak
paperback and e-book

Level 4: Perfection (B2) – up to 2200 words

Ana Bilić: My Name is Monika – Part 1 / Moje ime je Monika – 1.
dio *paperback and e-book*

Ana Bilić: My Name is Monika – Part 2 / Moje ime je Monika – 2.
dio *paperback and e-book*

Ana Bilić: My Name is Monika – Part 3 / Moje ime je Monika – 3.
dio *paperback and e-book*

Level 5: Perfection Plus (C1) – up to 2800 words

Ana Bilić: The Encounter / Susret
paperback and e-book

Ana Bilić: The Date / Sastanak
paperback and e-book

Level 6: First Language (C2) – up to 3500 words

Ana Bilić: The Visit / Posjet
paperback and e-book

Ana Bilić: An Interesting Motive / Interesantan motiv
paperback and e-book

Level 7: Standard Literature - without vocabulary section

Snježana (Ana) Bilić: Život s voluharicama – nadrealne priče
paperback and e-book

Snježana (Ana) Bilić: Knjiga o Takama – bajke za odrasle
paperback and e-book

Ana Bilić: Ulica snova – fantastične priče
paperback and e-book

Ana Bilić: O jasnoći i drugim zabludama – pjesme
paperback and e-book

Please visit us on
www.croatian-made-easy.com
and learn more about other mini-novels and other learning material.
New books and digital media are published continuously.